Chen Xiangbo
Art
Foundation
陈湘波艺术公益基金

2022
中国工笔画年鉴
The Yearbook of Chinese Meticulous Painting

主编：陈湘波
副主编：朱小钧

天津出版传媒集团
天津人民美术出版社

图书在版编目（CIP）数据

2022中国工笔画年鉴 / 陈湘波主编 ; 朱小钧副主编
. -- 天津 : 天津人民美术出版社, 2022.9
ISBN 978-7-5729-0724-1

Ⅰ. ①2… Ⅱ. ①陈… ②朱… Ⅲ. ①工笔画－中国－
2022－年鉴 Ⅳ. ①J212-54

中国版本图书馆CIP数据核字(2022)第161184号

2022中国工笔画年鉴

2022 ZHONGGUO GONGBIHUA NIANJIAN

出 版 人：杨惠东
责任编辑：刘 欣
技术编辑：何国起
执行编辑：谢云婷 陈园园 郭 成
助理编辑：李思奇 梁雨虹
装帧设计：焦 岩
出版发行：天津人民美術出版社
社 址：天津市和平区马场道150号
电 话：（022）58352900
邮 编：300050
网 址：http://www.tjrm.cn
经 销：全国新華書店
制 版：北京今日新雅彩印制版技术有限公司
印 刷：北京永诚印刷有限公司
开 本：889mm×1194mm 1/16
印 张：17
版 次：2022年9月第1版 第1次印刷
定 价：398.00元

A
C F
Chen Xiangbo
Art
Foundation
陈湘波艺术公益基金

深圳市慈善会·陈湘波艺术公益基金

深圳首个以艺术家个人冠名的艺术公益基金，由中国工笔画学会副会长、广东省美术家协会副主席、广州美术学院硕士研究生导师陈湘波发起，经深圳市慈善会批准设立的，致力于培养优秀艺术人才、提升社会对美育的关注度。

目录

《中国工笔画年鉴》序

陈湘波 / 中国工笔画学会副会长
深圳市慈善会·陈湘波艺术公益基金发起人

从2019年5月成立“深圳市慈善会·陈湘波艺术公益基金”、2021年2月又成立“深圳市关爱行动公益基金会·陈湘波艺术公益基金”以来，作为深圳首个以艺术家个人冠名的艺术公益基金，现在已经过去3年了。在深圳市慈善会和深圳市关爱行动公益基金会的支持下，在大家的共同努力下，基金资助了包括广州美术学院“陈湘波优秀硕士毕业创作奖学金”“第八届侯登科纪实摄影奖”“艺术乡村联合行动”等活动；也资助“四季英华——青年工笔画艺术展”“希望的田野——百名乡村美术教师优秀作品展”“不忘初心——汪象华书法作品展”“双城记——东莞·深圳——青年美术家作品展”等展览及其画集的出版；以及资助广东省美术评论学会出版《其命惟新——高剑父研究文集》等20余项项目，合计资助268万余元人民币，促进了社会文化的和谐发展，取得了较好的社会效益。

作为从事工笔画创作近40年的我，切身感受到改革开放以来，在当前国际艺术交流的大环境下，当代工笔画家的视野前所未有的开阔，创作环境与古人有了太多的不同，可以更加自由地实验与探索。他们在创作题材、材料、技法上都有很多创新，整体呈现出感性、浪漫、写实和注重视觉审美的特点。同时，作为从事美术馆运营工作近30年的从业者，我在美术馆的策展和处理相关事务的时候，会自带一种历史的使命感。为了推动中国工笔画的发展，自成立深圳市慈善会·陈湘波艺术公益基金以来，我就考虑资助编辑出版《中国工笔画年鉴》，以疏理当前中国工笔画发展的基本情况，为学习、研究、收藏中国工笔画的朋友们提供反映概述当前中国工笔画发展的现状，以及汇集系统、专业的图像文献资料的工具书。我的想法得到深圳市慈善会和北京青年策展人朱小钧先生及其团队的支持。朱小钧团队很快提出了《中国工笔画年鉴》出版规划，并启动编辑工作。经过北京和深圳伙伴们一年多的努力，初步完成了《中国工笔画年鉴》编辑设计工作。

《中国工笔画年鉴》分：年度人物、年度展览、年度论文、年度出版四大板块，每个板块又分若干子版块，内容包括：艺术家访谈、自述；艺术家个人档案、作品；重要艺术事件：博物馆、美术馆及重要的机构举办的中国工笔画的展览；精选学位论文、期刊论文；有关工笔画的年度出版物等。全部的文献还将以数字化的方式呈现，分类建立“中国工笔画档案数据库”，以开放的信息渠道保证年鉴的视野、品质和传播，为国内外工笔画爱好者、研究者、研究机构提供当前中国工笔画相关艺术活动、艺术作品和艺术家的信息和文献查阅。

《中国工笔画年鉴》作为深圳市慈善会·陈湘波艺术公益基金资助的文献编纂项目，得到了中国美术家协会主席、中央美术学院院长范迪安先生，中国工笔画学会领导班子特别是会长陈孟昕先生大力支持，更得到全国工笔画家的大力支持，大家积极地提供相关的材料，朱小钧团队以专业精神，对年鉴的稿件进行了严谨、细致、规范的审编，从而有力地保证了《中国工笔画年鉴》编辑出版的学术质量。在此，我代表深圳市慈善会·陈湘波艺术公益基金对大家辛勤的付出表示衷心的感谢和敬意！

2022年6月23日于深圳莲花山舍

2022 致年鉴读者的一封信

朱小钧

您好！

谢谢您阅读《2022 中国工笔画年鉴》。每届工笔画年鉴出版，我们都会给您写一封信，请您监督我们的工作，见证我们的成长。

2022 年，有三句话和您共勉：

第一，我们对中国工笔画的创作保持信心，对未来保持乐观。

信心和乐观，是我们民族的传统。尤其在当下，这句话更值得被大声说出来。

第二，工笔画年鉴从艺术家档案出发，深入年度人物、展览、论文、出版，争取做一本有深度的出版物。

尽管当下的信息载体出现各种变革，但我们仍然相信“书”本身带给人的力量。即便知识的生产和分发方式不断迭代，我们坚持以“年鉴”的出版模式，是希望做“时间的朋友”，正如工笔画的“三矾九染”，我们用时间体感和纸本体验，扎根一处，无限生长。

第三，我们邀请您做我们的出版“合伙人”。

是的，您没有看错。我们的终极愿景，就是要做一本可持续的、全面覆盖中国工笔画发展状况的“年鉴”。当然，刚刚起步，我们还差得很远。所以，也请您帮助我们，不管是为我们推荐优秀的艺术家，还是告知我们目前出版的问题和不足，我们都深表谢意。我们团队的邮箱“gongbibook@163.com”，期待您的推荐和指正。

“我们的职责是平整土地，而非焦虑时光。你做三四月的事，在八九月自有答案。”余世存先生的这段话，特别适用于当下。未来，太多变化等在前方。希望我们一起努力，彼此照亮。

祝您

平安，健康，开心。

2022 年 6 月 8 日于北京望京

对话艺术家

陈孟昕 牛克诚 邹传安 莫晓松 张 见 曾健勇 王牧羽

年度艺术家 （按姓氏笔画排序）

| 气脉相承

于 理 王天胜 王志纯 牛克诚 方政和 方楚雄 冯大中 安 佳
孙志刚 孙震生 苏百钧 李传真 李青稞 李爱国 李魁正 何家英
邹传安 陈 林 陈 治 武 欣 陈少珊 陈孟昕 陈湘波 林 凡
周彦生 胡 勃 莫建成 夏荷生 倪春林 徐惠泉 高 云 唐勇力
涂国喜 黄援朝 萧玉田 蒋采苹 傅宝民 谢振瓯

| 笔意合一

马书林 王 法 王仁华 王申勇 王牧羽 王冠军 王颖生 邓海林
未 君 叶 芃 刘 瑶 江宏伟 孙志钧 苏柏斗 吴彩好 吴锦洵
邹训精 张 策 陈湘金 林 涛 林 蓝 林若熹 罗 翔 罗寒蕾
胡明哲 姚占芳 莫晓松 贾广健 顾迎庆 鲁双喜 潘 缨

| 工之新意

王 霄 刘金贵 李戈晔 李关关 吴荣光 张 见 张天幕 张伟民
苗瀚文 林于思 杭春晖 金 沙 祝铮鸣 贺 翔 秦 艾 徐 累
徐华翎 栾 剑 高 茜 郭华卫 唐秀玲 涂少辉 黄俊伟 崔 进
崔景哲 梁文博 彭 薇 喻 慧 焦 洋 曾健勇 詹佶昂

年度人物

学术引领，时代风貌

陈孟昕 / 中国工笔画学会会长

工笔画在今天有什么新的发展？

陈孟昕：一个画种的繁荣，技术是一个主要的方面。技术没有突破，形式就不会有突破，画种就没有生气。每一个历史时期在技术和方法上的拓展形成了多样的形式语言，才造就了一个时期工笔画的繁荣，这样的作品往往是多种文化元素的融合。

首先是中西融合，20世纪20年代西学东渐，那个时候比较被动。相比，今天的画家更自信，民族文化传统有自身的逻辑和发展，他们对中国文化有一种由衷的尊重。我们借鉴西方艺术的特点，比如说厚重的颜色，同时，其他相关学科的深入研究也是助力中国画发展的重要因素，这些我们要向西方学习。

我们要向我们的历史学习，今天我们借助网络，可以清晰地看到各个朝代的洞窟、壁画，能从精美的细节中看到线条气息，信息技术的提高也对今天工笔画的发展起到很大的促进作用。

民间艺术是一个广阔的、取之不尽的文化源泉，我认为发掘得还不够。大家都清楚这样一个路径之前我们有很多个人的探索比如说皮影、剪纸、彩绘，从这些作品中我们能看到明显的民间艺术的营养。现在国家对民间艺术的支持力度也在加大，形式也更多元，这也为很多艺术家提供了方向。

创作方法拓展了，工笔和写意作品的界限是什么？

陈孟昕：我认为还是有明确的界限。写意画和工笔画，中间有半工半写的过渡。但是从最后呈现的效果上来看，比如用写意的制作方法，画得比较细，最后呈现的是工笔的效果，我们也将之算作工笔作品，不一定非要用了绢、用了矾才是工笔画。造型上的意向性，情感上的抒情性，观念上中国文化的哲理性，是工笔画的审美追求；色彩上薄中见厚、色薄意厚这些美学特征，是工笔画创作的基本方法。工笔画的时代气息比较强，最典型的就是切入当代生活的方式快捷，能够用它的丰富性来表现现实生活。尽精微致广大，这些精神在画种之间是一致的。

如何处理不断加快的社会效率和工笔画创作之间的关系？

陈孟昕：现在是读图时代，是快餐文化，这个潮流，日本已经先行在前，把复杂的事情简单化和图示化，这样能梗概地介绍，快速地释放。工笔画在这个时代中也生发了现代性的转向，比如在时尚审美方面，它的反应最快，现在流行什么颜色，对哪些物件感兴趣，很快就在工笔画的颜色、造型上反映出来，甚至尝试将文化传统和创新性结合起来，就选择了工笔画，因为工笔画有这样的质地，直接和时尚文化相结合。

现在工笔画的范畴很大，我们提到工笔画总

会想到《步辇图》《捣练图》这些经典作品。但是今天工笔画的样式非常丰富，有装饰性的，有以水墨介入的。比如说用线，就专门有染出来的线，有的是挤出来的线，有的是空出来的线，边界很宽。现在的形式非常多样，用来表达多彩生活的时候也比较得力，能比较贴切地反映生活，也被年轻一代喜欢。装饰性能产生独特的效果，但不仅仅是简化对象这么简单，现在有很多艺术家采用平涂的样式，不需要用古法的“三矾九染”，丰富的呈现形式也让工笔画有了更多的可能性，从另外一个层面上强调了传统绘画的亲民性。

中国工笔画学会作为该领域的专门机构，在学科发展的推动中做了哪些工作？

陈孟昕：自工笔画学会成立以来，学术引领一直是它的一个主要功能。学会通过展览、学术研究、培训和表彰等方式进行工笔画的研究和推广。

2019 年，学会在天津进行了中国工笔画创作的教学研讨会，还举办了阳山论坛等学术活动，对当下工笔画面临的问题和发展的趋势进行了分析和研究。展览方面，我们做了一个精品巡回展，在深圳、江苏、浙江、天津等 8 个省市自治区展示了主流工笔画家的创作面貌，这些成果通过学术交流来释放，通过小幅作品，展示核心艺术家们在工笔画领域的探索。培训方面，疫情期间我们在线上和线下都做了尝试。对工笔画的颜色、造型、构图等方面，针对后备力量进行专项培训，提高创作水平。

秉承着“学术引领”的目标，第十一届全国工笔画作品展也在创新、传承、新锐三个方向上推举 90 件具有代表性的作品。创新部分鼓励在秉承工笔画民族性的同时，又不失创新探索；传承部分发扬传统技法，比如说薄中见厚、施色办法，以及造型的写意性这样一些规则，又有新特点的作品；新锐作品我们选择的是 30 岁以下的新人，来鼓励他们的创作。

学会的这些措施收到了良好的反馈。通过全国巡展也调动起各地方的积极性。从历届全国美展的反馈中就能看出，不管参展还是获奖，工笔画都会有大量的优秀作品入选。这是值得我们高兴的。

对工笔画的未来有什么样的展望？

陈孟昕：现在是一个非常有利于工笔画发展的时代，今天我们的思想观念更开放，信息社会丰富了艺术家的视觉经验，这几年我感觉过一段时间就能看到大的变化，而且这个趋势势不可挡。信息快捷，一个新的语言样式马上就遍地开花。过去在某一个地域形成某一种风格，今天创作者的个性更重要，个人风格化就是对工笔画的一个大的推进，真正自由的时代就是一个个性张扬的时代，并且，工笔画有国际的相通性，我相信随着国力的提升，工笔画将对世界作出巨大的贡献，对此我充满信心。

工笔画将成为中华文化走出去的重要载体

牛克诚 / 中国艺术研究院国画院院长、研究员、博士生导师，
中国工笔画学会副会长

工笔画在今天艺术版图中扮演着一个什么样的角色?

牛克诚：工笔画有悠久的历史，可以追溯到两千多年前战国时代，战国帛画就是工笔画最早的形态。回望工笔画的历史，在今天是一个既有传统又有创新的形态，一方面古代的工笔画有宁静的智慧。我们置身数字现实中感受对象的方式，以及其所导致的思维方式和情感世界与古代的画家是不一样的。工笔画的形式在今天被放大了，包括工具、颜料、用纸、技法，每个画家都有一套个性的东西，但它的精神内核还在那，就是“精微广大”的工笔精神。

我们大概可以从两个维度来看当代工笔画。一个是美术的维度，工笔画处在“美术－绘画－中国画”的系统内，并与水墨写意画构成一种平行关系；一个是视觉文化的维度，工笔画处在“视觉文化－符号－图像”的系统内，与其平行的是摄影、广告、卡通、网游、影视等。在前一个系统内，工笔画的规定性体现为它的“勾染”语言及“工”的创作方式；在后一系统内，工笔画的规定性体现为毛笔、纸绢等材质以及手绘劳动等视觉技术。在前一个系统内，工笔画参与到中国画当代语言形态的建构之中；在后一系统内，工笔画把图像拉回到白盒子的观看空间，并参与到当代视觉文化及知识生成之中。重要的是，工笔画自由地穿梭在美术与视觉文化之间，从前者汲取造型艺术的笔性、色感、空间、构成等，从而在机械复制的泛滥图像中凸显“原作”的魅力以及韵味式的静观体验；从后者汲取各种图像资源，从而为美术创作及欣赏提供新鲜的形象及丰富的场景。

工笔画“精微广大”的精神内核在今天的文化自信中扮演着什么样的角色?

牛克诚：工笔画在几个方面体现出它在当代生活中的价值：一是它精于体悟的观察方式，深入到对象当中才能把握事物的本质；同时，工笔画关注外在的细节，这在造型上就表现为画作的具象性。由此而生成的绘制过程，就体现了所谓的工匠精神。从颜料的制作，一遍遍罩染，到最后和艺术家心里的形象一一对应，完成作品，所有的过程都是极其精细的。

在各种智能手段盛产图像的视觉狂欢中，工笔画以其手工劳动创造出有温度的质感；在浮躁、纷纭的快节奏生活中，工笔画以其凝神专注、精细不苟的创作体现出从容、淡定的高贵姿态；贯穿于工笔画的“工匠精神”，在静谧的“心”“物”对晤中，积淀成一种弱弱的然而却坚定而执着的力量。另一方面，我们也会看到，工笔画由于与油画、水彩等世界性绘画语言具有语言认知方向的一致性（如，它们都向人们提供造型、色彩、空间等的观看向度），因此，它具有一种构建世界性绘画语言的可能性。同时，工笔画又以在形、色、空间等方面中国人独特的观念、意识、思维等，

而在世界性绘画语言中彰显东方智慧式的独特魅力。随着中国日益走向世界舞台中央，工笔画将成为中华文化走出去的重要载体。

屏幕时代的视觉经验对工笔画产生了哪些影响，对创作提出哪些新的要求?

牛克诚：随着数字时代的到来，我们的生活一方面变得十分便利，快递、闪送、秒杀这些词儿催促着我们的生活，不能在任何一个地方停下来。表面上看我们拥有了很多，经历了很多，但是其实我们的体验是十分表面的。工笔画就提供了这样一种非常有价值的生活姿态，它让我们在快节奏当中放慢脚步，甚至停下来。在那一刻我们学会注目，对一个对象长时间地、宁静地观察体悟，这是非常有价值的。

前几年的“当代艺术”尘嚣过后，中国艺术界进行的一个巨大反思是，那个所谓“当代”是被西方赋予的，因而它并非“中国的”。而我们要寻找的真正的中国当代艺术，它一定是根源于中国的，同时又是与中国当下紧密关联的。可以说，工笔画最具这一资格与潜质。经战国以来两千多年的历史发展，工笔画已凝结起丰富的技艺及观念体系；工笔画图像所具有的视觉观看直接性，又使它能够最为便捷地介入到对当代生活的表述与阐释之中。当代关切与历史传承，这是工笔画之“中国当代性”的理由。前者使工笔画与时代紧密同行，不断获得时代滋养而焕发生命活力；后者使工笔画依托于丰厚的文化资源而在世界性绘画语言中体现出中国文化根性。

我画工笔花鸟画

邹传安／原湖南省娄底地区文联主席

艺海深莫测，雕虫不可欺

天地之大，世事之繁，绘画一门可谓雕虫小技，而工笔花鸟画之于绘画，则又小之小者。然大不容易，我自幼学画，今已须发皤然，数十年间日绘夜思，寒暑不易，小疾未休，也就被人许个“工写互见，雅俗共赏”，已属当面客气的话了。开始是临摹前人的遗迹，凡一点一画，一勾一染，唯恐不真不肖，常常摹之再三而不得其神，于是自认才不足以追前贤，深引为恨；继则写生于园圃，凡一花一叶，一蕊一蒂，必着意勾描，每自朝至暮，腰酸指硬，而一一回视笔下形象，皆不及园中诸物，又以为造化天成，凡手俗目，何可追摹？如是者垂五十年，始能够渐傍造物，心浸古人，于情于理，稍许自由。也不敢便说是“迹踵神明之妙，意澈造化之秘”，只不过日久眼熟，熟能生巧而已。然则数十年晨昏，只换一个“熟”字，你说这“雕虫小技”难也不难？

古范无藩篱，要当识蹊径

说起工笔花鸟画，有谁敢出宋人一头地？徐、黄以降，如许年月，芸芸画师。论写生，论创意，论勾勒渲染，有谁不在宋人院画“精于体物，造理入神”的檐下低头出入？及至近年工笔画勃兴，高手辈出，才各自匆匆挤出前人阴影，得以在某些方面有所突破。再回顾祖宗成法，原来留与后人的地域仍广。比如造境，古画多于背景不置一笔，忽略三度空间的刻画，自限容量。又如物神物态，或昼夜不分，有月无阴；或润燥同调，晴雨难辨，都失真花真鸟四时明晦的风神。至表现手法，古人固自不少，如败墙拓影，含唾渫墨，临溪涤渍之类，惜又未能采入工笔之中，总是天意人功，未全溶切，令千年古艺难于拓展，徒着人叹“穷途末路”。所以不管别家怎地画，旁人怎地看，我自觑定古范的隙漏，好向宋人檐外求生活。一是工中求写，实中求意，破一破工笔画的既有程序。二是设法令主体物象与生存空间融合，以拓展画面的境界与容量。三是追意真实花鸟在晴明雨晦各种不同条件下的生活形象和色彩变化，以丰富其本身的风采。四是开拓花鸟画的固有题材，比如将大山大水引入画面，以扩充作品的视野。总之要求客观美与意象美两者都能尽量充分地体现在我的画面中。于是不时有些非驴非马的东西出来，虽然从未因此而得到什么荣耀，但这本身已令我心满意足，因为前人并没有将风光占尽，留给我辈仍有无尽天地，民族艺术真的活力无穷。

勿道寒窗苦，安坐足怡神

有人把工笔花鸟画称为绘画中的马拉松运动，又有人把它比作西方的写实油画。前者是就它的创作周期而言，后者大约是由它的艺术形式和效果出发。诚然，工笔花鸟画的制作程序是长而规范的，与激情迸发时呼啸着挥笔立就的写意画不可同日而语，也与讲求市场效益的当世生活节奏格格不入。不过，凡事蓄之久者发必雄，思之熟者行必远。一切成竹在胸，只管一步一步做了去，无大喜，无大悲，心如禅定，不急不躁，最后水到渠成，缓缓打住，何惧周期之长？况且，真是工笔画家，一旦身坐案头，便形神俱化，正是“读书随处净土，闭门即是深山”，闹市修行，有益身心，其乐隽永，一日不忍离，何处更寻林泉？而它的表现力、真切感，确实比写实油画有过之而无不及，尤其对中华民族特有情性旨趣、物我同在、天人合一等意蕴的刻画表现，更是以此法写此景，风行水上，略无滞碍。有凡宇宙万态，悉可蠕蠕自指间挥出，大至造物玄溟，万象浑化；小到毛羽纤然，朝露莹澈，无不可任意运斤。对我而言，之所以也曾勤于“砚耕”，区区事业心之外，此中如坐蒲团，如演太极，修行炼性，乃是第一要着，画好画歹，原是行程偶拾，“副产品”罢了，何须奢望。

2021 年的绘画手记

莫晓松 / 北京画院副院长、中国工笔画学会副会长

两年前疫情让全球几近停摆的时候，想着过段时间就会好起来。不自由是短暂的，但没有人想到两年后的今天我们仍然活在疫情的影响之下。在疫情常态化的 2022 年，人们感受到更多的可能是困惑、迷茫，乃至倦怠。作为一个画家，这种不自由的状态反而能激发出本能的天性，一种不按常规进行思维的理性创新。通过另类创作，我意识到我的生命还有另一空间，不仅有鸟语花香的工笔花鸟画，也有用材料进行表现时空叠加的构成分割水墨画。时空是可以排列的，我也是可以有自己另类空间的实践者。

当我对着灰蒙蒙的小区，奇怪地发想、奇怪地伸出双手，而且尽管离很远，我能看出来别人正在发抖。我不由向那边望去，但什么也没看到，只见远处有一点微茫的绿光，兴许是谁手机上的绿码。也许这是一个最好的时代，也是一个最坏的时代；这是一个新冠的年代，这是一个核酸的年代；这是一个封城的时期，这是一个戴口罩的时期。但我要创作，我要生命的自由游动。

《藤雾若寂》创作于 2021 年，这是创作完成后的手记：中国的画家将衰朽和新生残酷地置于一体，除了突显生命的顽强和不可战胜之外，更重要的则在于传达一种永恒的哲思。打破时间的秩序，使得亘古的永恒就在此鲜活中呈现。时间流淌，亘古如斯。吾辈在其中做的正是关乎时间叠加空间转换成心性的游戏，并且是在素纸素绢中完成。人生虽是短暂的寄客，但并不意味着没有落实，寄在荒野的热带雨林之中，寄在当下，寄在真实的世界中，这就是生命的落实。为造化留影，人生如幻化若寂。将毛笔侧倒，一笔一笔横点过来，墨落在纸上，形成锥子形状的小点。类似于披麻皴。形成一种特定的语言。在近景点，远景则不点。或者低凹的地方点，高凸的地方不点，这就形成了远近凹凸的视觉效果，也产生了画面的空间感。创作过程中用积墨法，用浓淡小密点控制表现每一根藤条的形状、走向、阴面、阳面。用圆润凝重的横点错落布局，连点成线，以点代皴，积点成片。是用抽象模糊加糙动的短线相交融合，但远看整体效果，西方绘画的印象派笔触之妙颇有些异曲同工，想中西融合突破了传统工笔精细笔法的束缚。信笔作之，多苍藤掩映，枝干不取细，意似荒野之像，画出热带雨林烟雨湿润、朦胧、变幻的印象与感觉。

《天堂之梦》2021 年创作手记：一个人的作品包含了作者的梦想，这其中就蕴含着美的感悟。这幅作品是考察马来西亚热带雨林创作的作品。巴西亚马孙和马达加斯加热带雨林的瑰丽和神秘曾给我深深震撼。

创作的源动力来自对雨林直觉感受，而这种感受要升华到美的境地，当这种感受转换成笔墨语言，就以水墨的图式表现出一种崇高而伟大的视觉形象，这需要反复锤炼。

我始终在思考怎样才能创造一种伟大而又非常复杂的多样性，首先，我在构图上采用了全景式的、自下而上层层叠加的方法。粗枝细杆层层相交穿插。从地面向上生发的阔叶带有透视角度，

由底渐高由实化虚，与树枝相交会，造成八面出枝之感。中间穿插白鹭以增加画面的黑白灰对比。另外从开始在色调处理上以重墨深境为主，需要层层积染，因为表现雨林结构强化点染罩染和皴波。当然，反复的渲染和罩染要多次进行。叶面的处理以渲染和罩染为主、要留活口，不要平染，虚实相结合轻重得当。因为是大场面，要表现出透着光斑、有纵深感，也就是山水画中的深远之感。在墨色处理上用传统工笔画法外，还以北宋徐熙皴染点染之法穿插进行。北宋郭熙在《林泉高致》中说道："用淡墨六七加而成深，即墨色滋润而不枯。"郭熙的这种积墨法一般由淡墨开始积染，待第一次墨迹稍干，再继续画第二次第三次，这样多次反复皴擦点染，甚至染多次后怕染僵而进行泼水泼墨后还可再点、再皴、再勾，直到画足为止，使物象具有苍茫厚重的感觉，画面耐看，但很难以掌握。最后经过层层皴染，再加以浓墨、焦墨点醒，整个画面显得非常浑厚苍润。此作品为绢本并且是熟绢，为了增加墨色晕化的丰富性，先在背面托一层生宣纸，这样既有熟绢能渲染的质地，也有从背面泼染的水墨淋漓之感。宋人绘画几乎都是在绢帛上积墨，不洇墨，相对来说无丰富的墨色渗化效果，而我则是在生熟相互为补的熟绢上进行层层积墨，以墨为骨，运用不同层次的墨色反复叠加，层层皴染。以积墨极重墨韵变化，意在求神秘浑沦的效果，应该借鉴了李可染之法，有别于前人之作。总之，以积墨法为最难。墨上加墨，层层叠积，还要笔笔清爽，互不相碍，交杂处不乱辙迹，厚重中不失空灵，绘画总是有着一种特有的魔力或即刻幻化的想象力，就是具体的物象与场景通过富有表现力的笔触与空间的幻化，在时空的突转重叠或回旋遮掩中，使之具有一种迷幻的境界。

笔墨及思维都当随时代

张见 / 中国艺术研究院工笔画院院长、中国工笔画学会副会长

工笔画在今天数字时代的意义是什么?

张见：李白当年写诗的时候，我想他应该没考虑过意义，所以写的那么纯粹。绘画是人类进化出来的一种表达的能力，工笔画是中国历史文化长河中，不断锤炼出来的一种艺术表达方式，它的存在本身就是意义。在文化不断演进的过程中，包括今天的数字时代，印证这种绘画方式从哪里来，又经过多少磨练行进至此，我们会如何用这种方式表达这个时代，并如何在这个时代里表达自己，会引起思考。就好比问，学会说中文意义是什么？中文只是工具或表达方式，学会说本身就有意义，而如何更好地表达或表达什么有可能形成更大的意义或价值。

在技术被拓展的今天，如何判断工笔画作品的品质?

张见：古代画论有“四品”，但不同时期判断高下的“四品”排序也略有不同。历史上从没有任何一个时期像现在这样开放、多元、包容，所以绝不能简单地用一元价值判断标准来讨论今天工笔画的品质问题。如果这样，肯定是粗暴的、片面的、错误的。就像我们一定要在小说、散文、诗歌之间分个高下一样，工笔画在不同技术、风格的方向上，各自存在着内部的评价标准，并且价值判断不见得完全一致。而对于同一创作方向上的造型、线条、设色、图式、气息、风格等，标准还是相对存在的，但也很难量化标准，没有绝对的标准。在我而言，能够回溯传统、呼应时代、独立见解、技艺精湛、激发共鸣就是判断工笔画品质的标准。

图像还重要吗？图像在绘画中扮演什么角色?

张见：我们还是缩小讨论范围，把这个问题放在工笔画体系里更容易说清楚。分两个层面说。就整体工笔画的绘画特点尤其是人物画来说，图像已成为可利用的有效手段之一，不能说不重要。但过于依赖图像而导致主观绘画能力的下降，最终带来的不仅仅是遗憾，可能更是绘画的危机。每个创作者因为不同的创作角度，对此理解也不尽相同。从我个人的艺术追求来说，图像所扮演的角色，也许因为最先出场看似主角，但实则是提线木偶，那个隐身暗处的操控者的思维和行动导向才是绘画作品真正的主角。

工笔画的核心精神什么?

张见：致广大而尽精微。

我们再谈传统，追溯的是哪个时代?

张见：中国工笔画的基因根植于中国传统文化，但我们此刻的视野应该更加开阔，面向世界美术史整体，不分朝代、中外。甚至我认为是

跨学科的，这是由我们所处的时代特点决定的。过去我们只从中国画纸绢本传统上进行学习，那主要是唐宋元传统。考虑到人物造型中西融合的问题，又会关注传教士影响下的明清肖像画。近些年一批工笔画学人跟随中国艺术研究院工笔画院的“一带一路古代壁画临摹”项目不断开展，一些青年工笔画家逐渐关注汉代以来历代中国壁画传统给予的启示。而在工笔人物创作中，直接从欧洲古典传统、日本浮士绘、波斯细密画等获得滋养的成功案例也很多。

东西方是不是工笔画面对的问题？是的话怎么理解东方，不是的话工笔画面向什么？

张见：这是文化自信问题。以前还有人会讨论中国画和油画谁更高明的问题。用讨论的结论来获得某种平衡，甚至是优势。好像西方人不太纠结于这方面问题。但西方人现在乐于攻击我们的经济、科技等问题，以前并不太在意中国。可见一般颓势一方会更乐于讨论，因为这样取得安慰会简单容易一些。所以我认为如果工笔画一直停留在东西方关系的讨论上，证明工笔画还没有真正强大起来，最起码自我精神上还没有。佛教造像壁画汉时从西域传来，逐渐形成中国自己的造型趣味。交融应被看成是一种有益的进化过程。尤其在当今的互联网时代背景下，形成一个封闭的艺术进化圈还有可能吗？如果你听过歌剧，再听一段昆曲；听过钢琴，再来一段丝竹，就不需要费力解释东西方艺术的差异。适者生存，自信地面对全球化下的当代艺术环境是工笔画发展的必由之路和唯一出路。

今天的工笔画创作者应该如何回应时代？

张见：在当代中国，各项事业都极大繁荣、蒸蒸日上。新中国成立后经过几代工笔画家的不断努力，工笔画创作整体进入了一个繁荣期，这种繁荣肯定会对艺术创作的品质带来正面和积极的影响。我们具备更新的当代绘画材料、技术和观念，工笔画创作无论是回应国家建设和社会发展的主题性创作，还是反映自我生活和思维历程的个体化创作，都有深挖的空间和出彩的可能性。笔墨及思维都当随时代。每个历史时期的创作都会反映当时社会的精神面貌，我们现在面临的创作问题在这一层面上与之前相比并没有什么不同，这是每一位工笔画创作者为之努力的社会历史责任与自我心灵归宿。

我的绘画方法

曾健勇 / 职业艺术家

一说到工笔画，我先想到的，是伟大的宋画，接着会感叹伟大的传统。我想很多人有这样的同感。我理解的工笔画，是将中国传统绘画媒介和审美，往精细极致方向发展出来的一种绘画形式。它的绘画过程有一些特征，如深思熟虑认真起稿、反反复复步骤清晰。我的绘画媒介和过程，也有符合工笔画的一些特征，所以经常被归为工笔画。

创作很像植物生长，会自然分叉，逐渐茂盛起来。我摸索出一套自己的水墨方法，包括材料和语言，也包括有关将体验转换成画面的方法。接着，拓宽这套方法的覆盖范围，涉及不同题材。后来这套方法延伸到立体空间。刚开始我为了快速布满整个展览空间，采用剪切拼贴办法，直接将纸本水墨贴在展墙上。这样毕竟还是纯平面效果，我又增加一些立体元素，让作品形成一个浅空间。接着我将立体元素独立出来，做成雕塑。后来我还尝试将立体空间压缩为平面，它已经不是原来的水墨平面，而是有视错觉的浮雕水墨作品。这些过程，碰到很多问题，我只想用水墨的方式来解决问题。

我不是去塑造特定的“个性”，而是按照特定的思路和方式解决造型问题，就是“造型观”的问题。

不管以什么形式存在，我都离不开试图与传统、当下和自身体验建立联系。当代艺术有个特征，就是历史上所有的艺术形式都可以存在。从这个角度说，工笔画就可以是没有地域性的。科技、媒体改变人的生活，工笔画也就随之变化。工笔画、中国画、还有中国书法，蕴含一套技、艺、道完整体系。

我认为下意识随手画出来的东西最接近内心，别人随手画个东西，你是很难去模仿的。这种下意识的随手，反而调动了你所有的经验。书法是古代画家的基础训练，比如他们点一个点，讲究点的大小、位置、方向，还要有“高山坠石”感。当画面需要点的元素时，他们就好像具备天生能力处理地很好。我也希望通过不断练习书法，来获得这种造型能力。

艺术是时代的产物，但不是时代的镜像，从艺术镜像出来的是人的精神世界。我编织了这些场景和叙事，试图表达当下人们摆脱世俗，走上通往未知目的地的灵性之旅。

矛盾对立的因素经常出现在我的画面中。我在纸的正面和背面绘画，温润纯净的表面是出现了，但是软绵绵的，于是我就保留和突出皮纸的纤维，制造出粗粝的质感，再加上黑色的笔触和色块，对比就拉开了。这是绘画语言层面的，内容上出现的矛盾元素就更多。例如纯真孩童的脸上布满血丝，一幅成人的神态；舒适宜人的景色中，经常出现不合时宜的纯黑色石头；明明活灵活现的动物，却露出骨头和血管……

我一向认为，西方文化已经是我们传统的一部分，生活中分不清楚哪些方面属于中国，哪些方面属于西方，我也不清楚自己的创作如何糅合中西方。20 世纪 80 年代那些前辈们最能感受到水墨的“穷途末路”，为了寻找水墨出路，他们做了很多实验，很多人放弃水墨的本体语言，有些人彻底走向观念艺术。相比之下，现在这届年轻水墨艺术家，反而没有前辈们反叛和激进，折中主义比较盛行。为什么会有这种现象？有可能是年轻水墨艺术家在原来的线索上真的找到新的出路，并且为这条线索延伸出一个节点，看起来更像从中国传统中生长出来的当代艺术。

“所谓艺术，其实就是技术。是为了将肉眼所不可见的精神物质化的技术”。科技发达了，人的很多能力被代替，手工能力最容易被代替，但有一种手工能力代替不了，至少目前看是这样，那就是心手相应的能力，通过手的动作，能反馈这人的情绪、性格和修养。人的这能力太珍贵了，应该会一直保留下去，以抵消高科技对人类的异化。

想想我上学时学了传统绘画，也想用水墨来表现现代生活，但是可以学习和参考的方法很少，要靠自己摸索，但不是每个人都能摸索出来的。现在的学生就方便多了，有很多案例可以参考。寻找新材料和新技术让我激动，的确，解决材料和技术上的问题会给创作带来很大帮助。有时候会出现自己满意的偶然效果，那就多重复，达到得心应手程度，成为自己能力的一部分。

目前的工作状态就挺理想的，天天在工作室做自己喜欢的，有些难度，有些问题需要解决，有结果，还有及时反馈。这是一个无限的游戏。

摘自《曾健勇出潮汕记》

画工笔画的人是幸运的

王牧羽 / 中国工笔画学会秘书长

中国工笔画的时代精神是什么?

王牧羽：如何准确定义我们的时代精神，这本身就是一个非常艰难和有些荒诞的命题。无论从文化充分多元又布满冲突对抗的世界范围内去看，还是从我们被地缘政治、经济狂飙、多种文化思潮冲撞得支离破碎的民族性来看，我们都无法给当今这个无时无刻不在分裂变化中的时代精神做一个标准的阐释。从某种意义上说，没有精神就是我们这个时代的精神；不断变化、更迭甚至翻转，就是我们这个时代最贴切的精神标签。从这个角度说，艺术之于时代精神，其价值不在于妄图追求最准确的表达，而应该是在于用一种艺术性的方法，去不断地追寻、思考这个时代精神的嬗变轨迹。即在艺术实践与解读中，我们有机会暂时悬置那些具有强大异化能力的物质性名利场,而去用心地体会去慢节奏地探寻。这是我们从时代迷雾中最终能看到精神花朵的唯一途径。

工笔画正是实践这种“物我互搏”最恰当的艺术表达形式之一。古人讲“格物致知”，我们今天更需要“格”的，还有这个在时代迷雾中看不清楚的“物——我”关系，以及我们去判断这种关系的方法。工笔画的浸入式观察、精细描绘和缓慢悠长的时间消耗，以及创作过程中画家与图像、与纸笔之间如谈心一般的无间隔私语，正可构建一个绝佳的语境，让我们多一些机会去靠近那个真相。这个过程里应该不做道德预设，不做价值判断，也没有一成不变的心境模式。因其细致而微，故能徘徊以近。

“尽精微，致广大”，精微可见，广大是如何体现的?

王牧羽：如前所言，工笔画的精微，并不会因其所描之丰富就能包容世界，影响历史，尽管也确实有许多工笔画真的纤毫毕现地记录了“历史”。我们今天的历史已经不是线性的，不是任何一张画一个瞬间能够定义的。我认为工笔画的广大更多是对于个人的。无论之于画者还是观者，工笔画提供了极为广阔的非定义空间，记录了太多非主题性的“冗余”，这是在当今的异化时代非常难得的“自由之境”。最大莫过人心，工笔画的精微里可以有心的放松、放纵和忘却，这才是其大之所现。

传统中国画把题材分成花鸟、山水、人物，技术上分为工笔、写意，今天的工笔画应该如何分类?

王牧羽：今天的工笔画最好不分类。所有分类都是结构性的，是带有先验判断的，其本质上都与艺术之追求相背而驰。而事实上，一切结构也都出于人的思维认知和价值判断，我有多期望工笔画能让我们有机会暂时忘却结构与法则，忘却主题与人设，那我就有多期望工笔画可以无界限，不分类。一切只因自然而生，随想而定。

工笔画是否有地域性?

王牧羽：工笔画是一个画种，却又不是一个画种，它没有地域性。尤其在今天，传统接受、技术学习和文化积累高度趋同，工笔画更不可能有明确地域性。因为如果不是单纯从材料技法角度去定义，而是从更深的精神层面去判断，一切以微距化观察、精致化描绘、带有大量冗余细节信息、承载足够的时间累积、能带来多种非确定性意义判断的作品，都可以称为“工笔画”。勾线分染的是工笔，没骨撞色的也是；坦培拉的层层累积也是，水彩纸上的精雕细刻也是；细密画日本画唐卡都是，医学解剖图也是。精神上抽象意义的工笔画无国界，无地域。

但工笔画家一定有地域性，他们的每一张工笔画作品都是具体的，都有地域性。画家本人之于外物有远近之分，有生熟之别。基弗说只有当艺术家所表达的是其所感世界的深层次意义时，这艺术才有存在的价值。在这个意义上，画家不但不要回避自己的地域性，而是应该强化。因为只有当你在认真观察和表达你真正熟悉的东西时，你的所得才是深刻的，那作品才真的和你有关系。

当然，在广义上，这个“地域”，所指的不一定是地理环境，还有更大范围的文化语境、政治和信仰阵营、知识领地等等。总之，我不认为画家随便拿过一个和自己未曾发生深度关联的题材或人、事，即随便去表现其“地域性”之外的东西，他能画出一件真正的好作品。

你的作品是山水的样式，又不同于古典作品，创作的核心是什么?

王牧羽：我自己近年的创作都沉浸在“水图”之内。我画水，画各种自然之水，画古代经典文本之水；我也画山，以水为山；我还想表现更多的万物与所想，但都是以水的视觉方式。我画面里笔笔关联忽而遵循水的物理视觉逻辑，忽而又依据山石叠压或文化逻辑。从表面上，水就是我创作的唯一核心。水既是我的作品所呈现的图像，又是我的语言。

我独创的“水语”是在生宣纸上让水的洇化之性参与而成，即所谓“以水为水”。中国古人讲“水善利万物”，讲“一画”，我先以一水为万水，更想以一水为三千世界。至于最终是什么，我也不知道。我画的湖海江河是载体，假借的宋元山水图式也是载体，种种变化也都不过是幻象。正如水本无形，绘画更是眼前所见幻象之象。以水的物性画出万物图形，同时也以水的虚无消解这一切。意义何在?不知道。意义重要吗?

对工笔画的未来发展有什么愿景?

王牧羽：我从不敢高估自己作为一个艺术家个体的历史能力。工笔画无论作为一个画种，抑或一种“工笔式”的精神，我都无法对其未来给出任何图景预判，即便有，也全是诳语。世界变化太快，五年以后会怎样我都无法预测，更何况随时容易被完全异化的“工笔画”。我能期望的只有我自己，隐约判断自己未来之年，在以我所理解的“工笔”方式阅读世界、反观自我、创作作品时，会继续遵循怎样的法则，会在哪个大方向上基本不跑偏。跑偏了也就偏了吧，水到渠成，那就是应该如此。

于理
Yu Li

1972 年生于广州。毕业于广州美术学院中国画专业，获硕士学位。现任教于广州美术学院中国画学院，中国美术家协会会员、广东省美术家协会中国画艺委会委员。

2019 年　作品《离离原上草》入选“庆祝中华人民共和国成立 70 周年全国美术作品展”，获广东省金奖（广东美术馆收藏）

2014 年　作品《寂静欢喜》入选“庆祝中华人民共和国成立 65 周年全国美术作品展”，获广东省优秀奖（不分金银铜）、全国优秀奖提名进京展

2011 年　第四届全国青年美术作品展

2009 年　作品《日当午》入选“庆祝中华人民共和国成立 60 周年全国美术作品展”，获省展金奖（广东美术馆收藏）
2009 · 中国百家金陵画展（中国画）

2008 年　第三届全国青年美术作品展
作品《执子之手》入选“纪念中国改革开放 30 周年——全国美术作品展”，获优秀作品奖（广州艺术博物院收藏）

2006 年　作品《暖阳》入选“第六届全国工笔画大展”，获铜奖

1999 年　作品《黑帐篷》入选“庆祝中华人民共和国成立 50 周年全国美术作品展”

1997 年　作品《画中人》入选“广东省首届中国画展”，获金奖

天长地久
168cm × 110cm
纸本设色
2021 年

喜乐家园
180cm × 98cm
纸本设色
2021 年

王天胜
Wang Tiansheng

祖籍山东文登，1946 年 12 月生于大连。现代工笔画院院长，中国国家画院王天胜工作室导师，中国工笔画学会顾问，中国文化产业促进会副会长，中央文史馆书画院研究员，中国画学会创会理事、艺术委员会委员等，解放军艺术学院学术委员会原委员、美术系副主任、十佳教授，五次荣立三等功（享受副军职待遇）。作品曾入选全国美术作品展，全国工笔画作品展等国家级大展。《华岳雄风》等作品被国家主席出访作为国礼赠送友邻国家。作品《鹤翔昌瑞》《春满乾坤》分别悬挂在人民大会堂金色大厅和国家领导人厅。出版有《王天胜画集》《大匠之门·王天胜中国画精品集》《大家气象·王天胜作品》等画册几十余部。作品被中国美术馆、外国美术机构、国家领导人及国内外友人收藏。

2021 年　第十一届全国工笔画作品展
2014 年　作品《春晖》入选“法国卢浮宫国际艺术沙龙展”，获金奖
2009 年　作品《扎西德勒》入选“灵感高原——西藏 50 周年中国绘画作品展”
2003 年　作品《金芭蕉》入选“全国第二届国画大展”，获优秀奖
2002 年　作品《井冈杜鹃红》等入选“世纪风骨——当代艺术 50 家”
2002 年　作品《金芭蕉》入选“全军第十届美术作品展”，获铜奖、解放军文艺新作品奖
1998 年　作品《春晖》入选“全国第四届工笔画大展”，获金奖

鹤翔昌瑞　302cm×545cm　纸本设色　2009 年

扎西德勒　232cm×222cm　纸本设色　2010 年

王志纯
Wang Zhichun

1955 年生于山西省万荣县。毕业于中央戏剧学院舞台美术系，获硕士学位。曾任《中国美术报》《美术》《中国画》执行编辑，北京画院艺术委员会副主任，北京美术家协会理事，《当代中国画》主编，中国美术家协会会员。现任北京画院艺术委员会顾问，中国工笔画学会副会长，北京工笔重彩画会副会长等。作品曾参加国内外多种美术展览，曾在数十家报刊发表绘画作品及学术研究文章。主编有《大匠之门——北京画院作品集》《北京风韵系列作品集》共 7 卷，《时代华章——北京画院上海中国画院 50 年》共 5 卷，《丹青文萃》共 2 卷，《近代日本画名家作品集》。撰写有《东方绘画的传统与理想》《拓展与超越——中国工笔画 60 年》等论文数十篇。

2021 年　第十一届全国工笔画作品展

2018 年　同行放歌——王志纯谭晓世伉俪中国画作品展

2015 年　水墨戏韵——王志纯谭晓世画展

霸王
130cm × 65.5cm
纸本水墨
2014 年

贵妃
130cm × 65.5cm
纸本设色
2016 年

牛克诚

Niu Kecheng

1961 年生于辽宁抚顺。1983 年毕业于北京大学历史系，1987 年毕业于中国社会科学院研究生院历史系，1994 至 1997 年间作为东京大学外国人客员研究员、日本国文部省特聘海外艺术家（画家）在日本学习日本画技法并从事绘画创作。现为中国艺术研究院国画院院长、博士生导师，《美术观察》主编，院学术委员会副主任，全国政协委员，国务院学位委员会美术学科组委员，新世纪“百千万人才工程”国家级人选，中宣部“文化名家暨四个一批人才”，享受国务院颁发的政府特殊津贴专家，中国美术家协会理事兼理论委员会副主任，中国工笔画学会副会长等。获“首届中国美术奖”“重彩画创作学术奖”等奖项，学术专著《色彩的中国绘画》获国家图书奖，出版《牛克诚写意山水》《牛克诚山水画作品集》《中国艺术研究院艺术家丛书·牛克诚》等。

2021 年　第十一届全国工笔画作品展
　　　　　景·色——牛克诚山水画作品展
2019 年　第十三届全国美术作品展
2016 年　工·在当代——2016 第十届中国工笔画大展
2013 年　工·在当代——2013 第九届中国工笔画大展
2011 年　全国第八届工笔画大展暨中国新农村建设成就画展
2010 年　时代画风——中国当代工笔画 20 家作品展
2009 年　第十一届全国美术作品展
2004 年　第十届全国美术作品展
2003 年　首届北京国际美术双年展

绿当轩
132cm × 66cm
纸本设色
2012 年

醉东风　66cm × 66cm　纸本设色　2011 年

方政和
Fang Zhenghe

1970 年生于福建云霄，1991 年毕业于集美大学师范学院美术系，2009 年毕业于南京艺术学院，获艺术硕士学位。现为北京画院专业画家，国家一级美术师，中国美术家协会会员，中国书法家协会会员。作品获 2002 年全国中国画作品展金奖；2003 年全国中国画作品展铜奖；第五届中国工笔画大展优秀奖等奖项。2007 年作品《湖州旧忆——十顷繁荫风满林》被中国美术馆收藏。

2021 年　第十一届全国工笔画作品展
2016 年　工·在当代——2016 第十届中国工笔画大展
2014 年　第十二届全国美术作品展，获奖提名
2013 年　工·在当代——2013 第九届中国工笔画大展
2011 年　全国第八届工笔画大展暨中国新农村建设成就画展
2010 年　全国首届现代工笔画大展
2007 年　第三届全国中国画作品展，获优秀奖
　　　　同一个世界·中国画家彩绘联合国大家庭艺术展
2006 年　全国第六届工笔画大展
2005 年　纪念蒲松龄诞辰 365 周年全国中国画提名展，获金奖

云石图
58cm × 47cm
绢本设色
2021 年

秋霜白　58cm × 42cm　纸本设色　2012 年

方楚雄
Fang Chuxiong

广州美术学院二级教授，中国国家画院研究员，中国画学会常务理事，广东省中国画学会副会长，享受国务院特殊津贴专家。1997 年被中国文学艺术界联合会、中国美术家协会评为“97 中国画坛百杰”，2004 年获中国艺术研究院“黄宾虹奖”“广东省南粤优秀教师奖”。2010 年荣获“广东省精神文明建设先进工作者”“广州美术学院德艺双馨杰出教师”称号及“广州美术学院教学科研创作突出成果奖”，2011 年荣获“广东省高等学校教学名师”。

2021 年　天地生灵·方楚雄的艺术世界

2010 年　作品《密林探幽》入选第九届中国艺术节“中国风格·时代丹青——全国优秀作品展”

可惜无声·方楚雄的艺术世界

2009 年　作品《喜报丰收》入选“第十一届全国美术作品展”

2004 年　作品《暮色苍茫》入选“第十届全国美术作品展”

2001 年　作品《可可》入选“百年中国画展”

1999 年　作品《藤韵》入选“第九届全国美术作品展”

1984 年　作品《故乡水》入选“第六届全国美术作品展”

波斯菊
138cm × 70cm
纸本设色
2020 年

大年　180cm × 116cm　纸本设色　2020 年

冯大中
Feng Dazhong

1949年10月生于辽宁省盖州矿洞沟乡。所成皆为自学。诚谓：绘画初心，所爱终成专业；书法趣浓，功夫尚近业余；诗词妙悟，才疏遂日票友。国内国外曾多次举办个展，多次获得奖项。出版各种画册、诗抄。曾为第十届、第十一届、第十二届全国人大代表，中国工笔画学会会长，中国美术家协会中国画艺术委员会副主任，中国画学会副会长，中国美术家协会理事，中国作家协会会员，辽宁省美协副主席，国家一级画家，享受国务院颁发的政府特殊津贴专家。辽宁省老艺术家协会会长。今逾古稀，静修心以养性淳，慕先贤以追德馨，此为晚景之必须矣。每日宅家看书、作画写字，敲诗觅句，品茶言树老，温酒待人诚。小院清心静，悠悠岁月平。有艰难困苦之攀登，亦获创作丰收之欢情。

2021年　承先启后：中央文史研究馆建馆七十周年书画展
　　　　第十一届全国工笔画作品展
2019年　第十二届中国艺术节全国优秀美术作品展览
2016年　工·在当代——2016第十届中国工笔画大展
2014年　第十二届全国美术作品展
2013年　工·在当代——2013第九届中国工笔画大展
2009年　高山景行——冯大中艺术巡回展
1994年　作品《艳阳》入选“第八届全国美术作品展”，获优秀作品奖
　　　　作品《霜晖》入选“第三届中国当代工笔画大展”，获一等奖
1988年　作品《早春》入选“当代工笔画学会首届大展”，获金牌

林泉高致
192cm × 500cm
纸本设色
2019年

黄河朝晖
180cm × 680cm
纸本设色
2019—2020年

安佳
An Jia

2021 年　第十一届全国工笔画作品展
2019 年　第十三届全国美术作品展
2016 年　工・在当代——2016 第十届中国工笔画大展
2015 年　安佳绘画作品展
2014 年　第十二届全国美术作品展
　　　　第三届全国壁画大展
2013 年　工・在当代——2013 第九届中国工笔画大展
2012 年　浩瀚草原——中国美术作品展
2001 年　第一届中国美术金彩奖——全国美术作品展
1994 年　第八届全国美术作品展

辽宁沈阳人，毕业于中央民族大学美术学院中国画专业，获学士、硕士、博士学位。现为北京服装学院美术学院教授、美术学学科带头人、研究生导师。教育部高等艺术院校美术学类教育指导委员会委员，教育部高等学校人文社会科学研究优秀成果奖评审专家，中国美术家协会会员，中国工笔画学会副会长，现代工笔画院副院长、秘书长，中国女画家协会常务理事、副秘书长，北京美术家协会理事，中国画艺术委员会委员。著有《安佳文集》1 部，出版《安佳画集》4 部，教材 3 部，并发表学术论文 40 余篇。

《高原人》组画之三
138cm × 72cm
纸本设色
2020 年

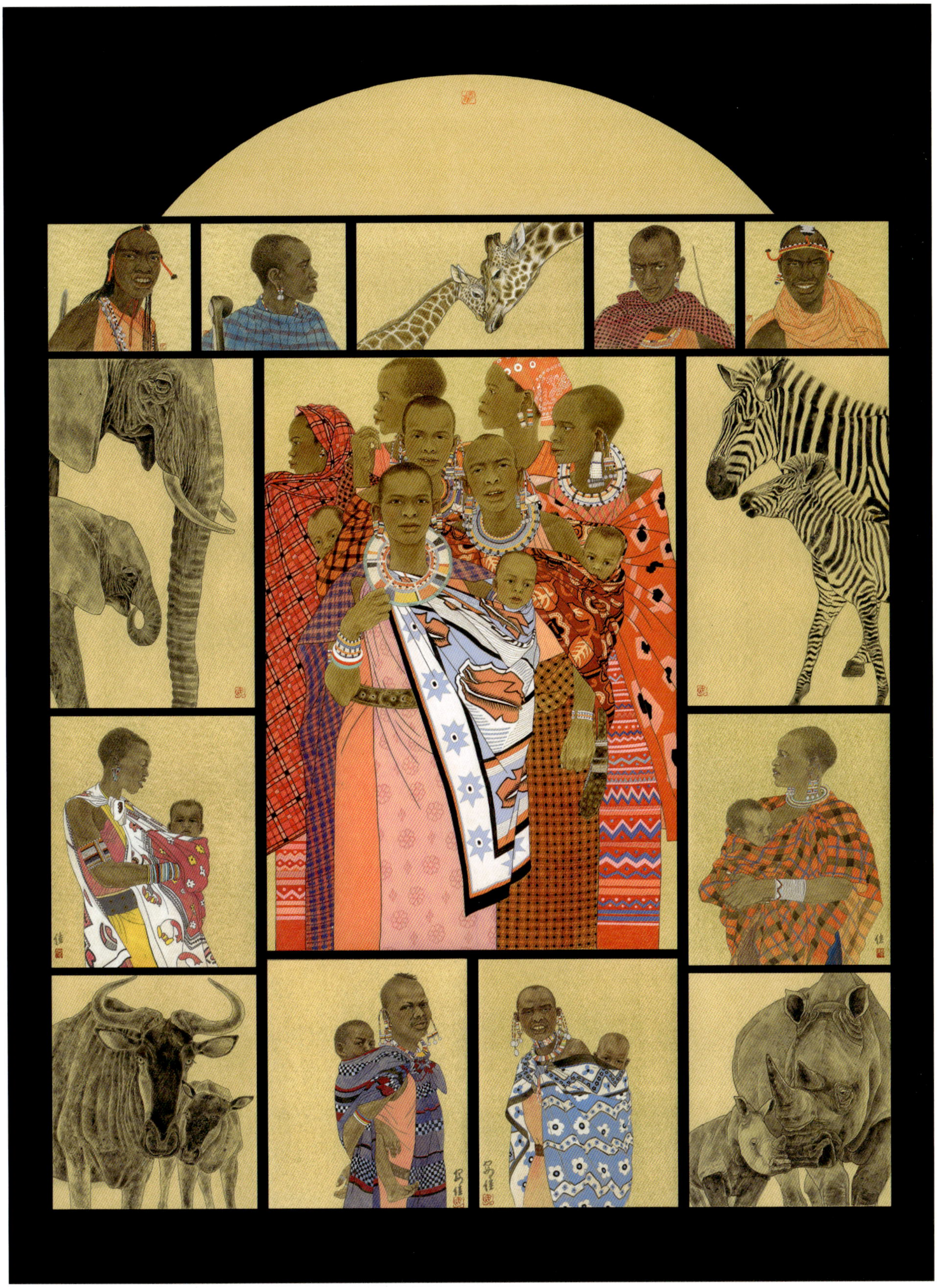

和谐·共生　240cm×185cm　纸本设色　2019 年

孙志刚
Sun Zhigang

1963年生于山西，祖籍山东临清，现居北京。现为中国工笔画学会常务理事，中国工笔画学会驻会副秘书长，中国工笔画学会办公室主任，中国美术家协会会员，中国楹联学会会员，北京民进开明画院理事，北京工笔重彩画会常务理事，中国石化美术家协会会员，山东省美术家协会会员。出版有《唯美线描——孙志刚家园情怀》《居家摄影·小天地拍出大作品》。

2021年 第十一届全国工笔画作品展
大河奔流——庆祝中国共产党成立100周年·黄河主题美术作品创作展
红心向党 忠诚至上——武警部队庆祝中国共产党成立100周年暨第四届美术书法摄影展
“党的光辉照我心——庆祝中国共产党成立100周年”百名新文艺群体书画家汇报展暨第三届新文艺群体书画家优秀作品展
第十一届全国工笔画作品展·深圳巡展

2020年 2020丹青盛会——迎新春中国画名家邀请展
第五届“八荒通神”——哈尔滨美术双年展（中国画）
作品《雁南飞》入选“中国梦·劳动美”第七届全国职工美术作品展，获银奖

2019年 精微·广大——中国当代工笔画名家精品展
庆祝改革开放40周年新文艺群体书画家作品展

爱我家乡
178cm × 96cm
纸本线描
2018年

雁南飞
219cm × 123cm
纸本设色
2019 年

孙震生
Sun Zhensheng

字雨辰，1976年生于河北唐山。北京画院画家，国家一级美术师，中国美术家协会会员，中国工笔画学会副秘书长、专家委员会委员，中国艺术研究院工笔画院特聘研究员，中国美术家协会全国中国画展览评委，硕士研究生导师。2004年作品《春天的约会》获“首届中国画电视大赛”工笔人物组金奖。

2015年　作品《霜—晨—月》入选“第五届全国青年美术作品展”，获优秀奖

2012年　作品《收获金秋》入选“东方彩韵——中日建交40周年中国工笔画、日本画当代精品大展”，获金奖

2011年　作品《新学期》入选“第四届全国青年美术作品展”，获优秀奖

2009年　作品《回信》入选“第十一届全国美术作品展暨中国美术奖・创作奖”，获金奖

2007年　作品《五月阳光》入选“中国百家金陵画展”，获金奖

雪地情　200cm×300cm　纸本设色　2019年

慕士塔格之灵　120cm × 180cm　纸本设色　2020 年

苏百钧
Su Baijun

1951 年出生。中央美术学院中国画系教授，中国艺术研究院博士生导师，兼任四川美术学院客座教授，上海美术学院客座教授，中国工笔画学会艺术顾问，全国美术作品展评审委员。作品曾获文化部、中国美术家协会等主办的展览金奖一次、学术奖三次、大奖两次、铜奖三次，获第五届重彩画金奖。作品《凤凰花木图》悬挂于北京人民大会堂金色大厅；作品《和平颂》悬挂于人民大会堂常委会议室。2018 年在北京鸟巢被授予法国皇家骑士勋章。出版个人专集 47 种。其中《当代名家艺术观——苏百钧创作篇》被教育部批准为“普通高等教育‘十一五’国家级规划教材”。

2018 年　闳约逸致——苏百钧工笔画展

2013 年　担任“纪念八大山人全国首届花鸟画”评委

　　　　担任“全国中国画展”评委

2011 年　担任“全国第八届工笔画大展暨中国新农村建设成就画展”评委

　　　　担任“全国第四届青年美展中国画”评委

　　　　担任“中国当代花鸟画展”评委

2009 年　担任“第十一届全国美术作品展览”复评评委

2008 年　担任“全国首届线描作品展览”评委

2005 年　苏百钧工笔花鸟画展

1997 年　苏百钧工笔画展

和平颂　205cm × 345cm　纸本设色　2011 年

追忆的故园　148cm × 178cm　绢本设色　2005 年

李传真
Li Chuanzhen

1969 年生于湖北江陵。湖北美术学院中国工笔人物画硕士专业硕士研究生毕业。现任中国艺术研究院国画院副院长、博士生导师，国家一级美术师，中国美术家协会会员，中国工笔画学会青年艺术委员会副主任、专家委员会委员，中国美术家协会国家重大题材美术创作艺委会委员，作品曾获“十一届全国美术作品展览”首届中国美术奖·创作奖银奖、省金奖，获“第十届全国美术作品展览”铜奖、省金奖，作品获“第三、四届全国青年美术作品展览”优秀奖、“第三届全国中国画作品展”优秀奖、“2007·中国百家金陵画展”金奖等国家级奖项。近期承接 6 项国家重大题材美术创作项目。多幅作品被中国美术馆及多家艺术馆收藏。

2021 年 长河大道——黄河文化主题美术作品展
伟大征程 时代画卷——庆祝中国共产党成立 100 周年美术作品展
不忘初心 继续前进——庆祝中国共产党成立 100 周年大型美术创作作品展
第十一届全国工笔画作品展
第二届“湖南·中国画双年展”
首届中国工笔人物画学术邀请展
丹青未央——2021 首届中国工笔画学会青年艺委会学术邀请展
庆祝中国共产党成立 100 周年·国泰民安——人物画名家作品展
百花齐放 推陈出新——中国艺术研究院艺术大展
第七届全国画院美术作品展

安塞腰鼓
240cm × 200cm
纸本设色
2021 年

门巴情歌　350cm × 250cm　纸本设色　2020 年

李青稞
Li Qingke

1963年生于重庆，1979年考入四川美术学院附中，1987年毕业于四川美术学院国画专业，获学士学位。同年分配到成都画院至今，现为国家一级美术师、中国工笔画学会人物画专业委员会委员，四川省美术家协会副主席，历次参加五年一次的全国美术作品展及全国大型展览活动。

2021年　作品《西风烈》入选“中国共产党历史展览馆展览”并被永久收藏

2020年　作品《转机No.一带一路》入选“共同的家园——‘一带一路’国家美术作品展”

2015年　作品《西风烈》《天骄》等入选“新中国美术家系列画展”

2014年　四川“当代国画优秀作品进京展”

2013年　作品《天骄》获四川省首届文华美术一等奖

1997年　作品《西风烈》入选“97年‘首届全国人物画大展’”，获银奖（金奖空缺）

1996年　作品《西风烈》入选“四川省美展”，获金奖，并获巴蜀文艺一等奖

共克时艰
190cm×115cm
纸本设色
2020年

转机 No. 一带一路 229cm × 188cm 纸本设色 2019 年

李爱国
Li Aiguo

1958 年生于辽宁沈阳。1982 年毕业于鲁迅美术学院中国画系，获学士学位。1987 年毕业于中央美术学院中国画系，获硕士学位。曾为首都师范大学美术学院教授，北京大学艺术学院教授、艺术硕士（MFA）中国画专业导师。中国国家画院研究员，中国美术家协会中国画艺术委员会委员，第七届、第八届中国美术家协会理事，第十二届北京市政协委员。作品参加重要展览并多次获奖。作品被中国国家博物馆、中国美术馆、中国军事博物馆等收藏。出版个人画集 25 部，发表论文等 60 余篇。

2019 年　作品《霜天》入选“第十三届全国美术作品展”

2016 年　中华史诗美术大展

2015 年　作品《心油》入选“第六届中国北京国际美术双年展”

2014 年　作品《天路》入选“第十二届全国美术作品展”

2009 年　作品《天开》入选“第十一届全国美术作品展”，获奖提名

2006 年　李爱国中国画作品展

2004 年　作品《白毛风》入选“第十届全国美术作品展”，获优秀奖、特别奖（关山月美术基金奖）

1994 年　作品《迷香》入选“第八届全国美术作品展”

1989 年　作品《沧茫时刻》《一个女人和一个半男人》入选“第七届全国美术作品展览”，《一个女人和一个半男人》获铜奖

1984 年　作品《煤精尺》（连环画）入选“第六届全国美术作品展”

蒙古人西征
150cm × 460cm
纸本设色
2019 年

霜天
200cm × 200cm
纸本设色
2017 年

李魁正
Li Kuizheng

1942 年生于北京。1967 年毕业于中央美术学院中国画系。现为中央民族大学美术学院教授、博士研究生导师，中国美术家协会线描艺术委员会会长、中国现代没骨画研究会会长、东方现代泼绘艺术创始人。曾获国务院颁发的“为发展高等教育事业做出突出贡献并享受政府特殊津贴优秀专家”、中国文联颁发的“ ’97 中国画坛百杰画家奖表彰”等多种奖项。作品获首届、第二届、第三届当代中国工笔画展金奖、银奖等奖项。出版有《时代与民族精神——李魁正研究生教学新思维与创作研究（论文集）》《李魁正中国画创作与教学研究文选》及个人绘画专集 20 余种，并在全国多种出版物及学术专集中发表论文、文章 50 余篇。作品被中国美术馆、中国国家画院、京丰宾馆等收藏。

2011-2019 年　由李魁正策划并参与成立的中国美术家协会线描艺术研究会，由中国美术家协会分别与河南美术家协会以及山东省日照市委宣传部联合主办了五届“全国中国画线描艺术展”，并由李魁正撰写的三篇关于中国现代线描艺术大展的学术报导文章，分别发表于《美术》杂志。

2016 年　骨韵和天·第三届中国现代没骨画提名展

2015 年　第二届中国现代没骨画展“时代风骨——当代没骨画提名展”

2005 年　中央民族大学国家“十五”211 工程建设项目：“时代与民族精神——李魁正研究生教学新思维与创作研究”教学成果汇报展

1992 年　首届中国现代没骨画展

1988 年　花与鸟·八人画展

版纳圣花·文殊兰
103cm × 43cm
纸本设色
2013 年

清气　80cm×71cm　纸本设色　1988 年

何家英
He Jiaying

1957 年 3 月生于天津。1977 年考入天津美术学院绘画系学习中国画，1980 年毕业后留校任教。曾任第九届至第十一届全国政协委员。现任中国美术家协会副主席，中央文史馆馆员，中国艺术研究院博士生导师，当代工笔画协会副会长，天津美术学院何家英工笔画研究所所长，天津画院名誉院长，天津美术馆名誉馆长。中国美术家协会理事。曾获国家“有突出贡献的中青年专家”、中国文联“德艺双馨文艺工作者”、中宣部“四个一批”文艺人才称号。

2021 年　百花齐放　推陈出新——中国艺术研究院艺术大展
　　　　2021 无问西东邀请展
2020 年　从历史走向未来——纪念紫禁城建成 600 周年中国画大展
2019 年　知行墨境——2019 当代中国画名家学术邀请展
2017 年　正大气象——第四届杭州・中国画双年展
2016 年　含道映物——何家英画展
　　　　中国艺术研究院著名艺术家系列精品展——何家英精品展
2013 年　形居尘俗，心栖天外——何家英工笔画展
2009 年　何家英画展
1994 年　何家英人物画展

岁月年轮
145.4cm × 79.5cm
纸本设色
2017 年

绣恩人 53cm×45.4cm 纸本设色 2018 年

邹传安
Zou Chuan' an

字书靖，斋号知止，1940 年生，湖南省新化县水车镇人。中国美术家协会会员，湖南省文史研究馆馆员，湖南师范大学美术学院客座教授，国家一级美术师。退休前供职于湖南省娄底地区文学艺术界联合会，任文学艺术界联合会名誉主席、美术家协会主席、娄底画院院长，退休后寓居深圳。致力于工笔花鸟画的研究和创作迄今 60 年。出版有《工笔花鸟画技法》《孤灯夜品录》《大泽萤荧》《唐风宋韵——邹传安作品集》《天籁——邹传安工笔花鸟画》及大型宣纸高仿本《中国画大家系列——邹传安》等文字和绘画作品二十余部，有五件作品为中国美术馆收藏，近千件作品为中国人民革命军事博物馆、湖南省博物馆、广州美术学院及国内外公私机构收藏。

2021 年　造化心源　高古超脱——邹传安花鸟画展

2020 年　八秩回眸——邹传安书画艺术文献展

2014 年　传灯十年——邹传安、曹小民师生作品学术展

2010 年　居深履厚——邹传安从艺五十年回顾展

2005 年　当代国画优秀作品展——湖南作品展

1996 年　作品《秋韵》入选“湖南省第二届工笔画展”，中国美术馆（收藏）

1995 年　作品《迎风》入选“全国牡丹画展”，获一等奖

1994 年　第八届全国美术作品展

1984 年　作品《花有清香月有阴》入选第六届全国美术作品展，获湖南省文化厅、湖南省美术家协会颁发的二等奖

1976 年　作品《芙蓉》入选“湖南省美术作品展”，获优秀奖

惊涛入梦　95cm × 176cm　纸本设色　2010 年

梅园雀噪　106cm × 67cm　纸本设色　2010 年

陈林
Chen Lin

1968年生于安徽肥东，2006年毕业于中国艺术研究院，获博士学位。安徽大学艺术学院教授、硕士生导师、艺术创作中心主任。教育部美术专业指导委员会委员、中国工笔画学会山水花鸟艺术委员会副主任、安徽省美术家协会主席。先后在美国西雅图《世界日报》画廊、Bank of America 画廊、华艺廊、广东省文联艺术馆、亚明艺术馆等国内外多地举办个展。出版《唯美新势力·陈林工笔花鸟画精品集》《新工笔文献丛书·陈林卷》《唯美新视觉·陈林工笔花鸟画欣赏》《工笔新经典·陈林》《画境·典雅——陈林工笔花鸟画探微》《当代中国画家丛书·新工笔陈林》等作品集，主编国家"十二五"高校规划教材《中国画·花鸟》。作品先后被微软艺术基金、中国美术馆等机构收藏。

2021年　第十一届全国工笔画作品展
2020年　中国工笔画作品邀请展
2018年　2018·中国当代水墨年鉴三周年特展
2017年　逸韵高致·当代工笔画名家邀请展
2016年　工·在当代——2016第十届中国工笔画大展
2013年　时代观照——AAC艺术中国年度影响力巡回展
　　　　工·在当代——2013第九届中国工笔画大展
2012年　概念超越·2012新工笔文献展
2009年　第十一届全国美术作品展
2007年　首届新工笔作品展

云起·山雨才湿　48.4cm×83.2cm　纸本设色　2019年

云起·风迷雾影　48.4cm×83.1cm　纸本设色　2019 年

陈治
Chen Zhi

1978 年生于黑龙江，天津人。毕业于天津美术学院中国画系工笔人物专业，获硕士学位。2005 年至 2020 年任教于天津美术学院，现任天津画院副院长，党组成员，教授，硕士研究生导师，天津美术家协会副主席，中国美术家协会中国画艺术委员会委员。作品分别获第十一届、第十二届、第十三届全国美术作品展金、银、铜奖。作品收藏于中国美术馆。

2019 年　第十三届全国美术作品展
　　　　伟大历程 壮丽画卷——庆祝中华人民共和国成立 70 周年美术作品展，中国美术馆（收藏）
2017 年　全国青年美术家提名展
　　　　第九届中国体育美术作品展
2016 年　百花争妍：中国写实主义的辉煌——现代中国美术展
2015 年　全国第五届青年美术作品展
2014 年　第十二届全国美术作品展
2010 年　第九届中国艺术节全国优秀美术作品展
2009 年　第十一届全国美术作品展
2007 年　第三届全国中国画展

春的消息　160cm × 230cm　绢本设色　2019 年

武欣

Wu Xin

1978 年生于黑龙江省齐齐哈尔市。毕业于天津美术学院中国画系工笔人物专业。2004 年至 2020 年任职于天津画院，现任教于天津美术学院中国画学院，教授、硕士研究生导师，天津美术家协会理事，天津市青年美术书法协会副主席，中国工笔画学会理事。作品分别获第十一届、第十二届、第十三届全国美术作品展金、银、铜奖。作品收藏于中国美术馆。

2019 年　第十三届全国美术作品展
　　　　伟大历程 壮丽画卷——庆祝中华人民共和国成立 70 周年美术作品展，中国美术馆（收藏）
2017 年　全国青年美术家提名展
　　　　第九届中国体育美术作品展
2016 年　百花争妍：中国写实主义的辉煌——现代中国美术展
2014 年　第十二届全国美术作品展
2010 年　第九届中国艺术节全国优秀美术作品展
2009 年　第十一届全国美术作品展
2007 年　第四届全国画院优秀作品展
2005 年　第三届全国画院优秀作品展
2002 年　全国第五届工笔画大展

尖峰食刻　210cm × 145cm　绢本设色　2019 年

陈少珊
Chen Shaoshan

1960 年生于汕头。1985 年广州美术学院本科毕业，获学士学位，1992 年广州美术学院中国画教材教法研究生毕业，获硕士学位并留校任教。现任广州美术学院教授，硕士研究生导师。法国巴黎学院特聘教授、硕士生导师，泰国东方皇家理工大学特聘教授、博士生导师。曾任广州美术学院教育学院中国画教研室主任，广州城市职业学院关山月中国画学院副院长，广东中国画学会理事，中国美术家协会会员。主要从事中国花鸟画的教学、研究与创作工作。作品被中国艺术研究院、中国文学艺术界联合会、广东美术馆、深圳关山月美术馆收藏。

2018 年　作品《文禽幽霭》入选“首届粤港澳大湾区高校美术作品展暨第三届广东省高校美术作品学院奖双年展”，获教师组二等奖

2014 年　作品《大吉系列》入选“丹心墨语——广东省高校中国画作品学院展”，获教师组一等奖

作品《梅石烟岚图》入选“中国梦·南粤心——第十二届广东省艺术节优秀美术作品展”，获优秀奖

2009 年　作品《幽禽烟霭》入选“庆祝中华人民共和国成立六十周年——广东省美术作品展”

1999 年　作品《花季》入选“当代中国青年书画展”，获优秀奖

作品《金贝堂之秋》入选“第九届全国美术作品展”，获优秀奖、广东省铜奖

作品《在河之洲》入选“庆祝中华人民共和国成立 50 周年广东省美术作品展”

作品《春寒》入选“全国第二届中国花鸟画作品展”

1997 年　作品《闪光的记忆》入选“世界华人书画大赛”

1994 年　作品《晖》入选“第八届全国美展”“新中国成立 45 周年广东省美术作品展”

幽霭文禽
170cm × 69cm
纸本水墨
2017 年

秋实
136cm × 68cm
纸本水墨
2016 年

陈孟昕

Chen Mengxin

1957 年 4 月生于邢台市。1988 年毕业于湖北美术学院中国画专业，获硕士学位。现为中国艺术研究院二级教授、博士生导师，中国国家画院特聘研究员及中外多所高校特聘教授、博导，中国工笔画学会会长，中国美术家协会理事及中国画艺术委员会副主任，中国画学会副会长等。作品参加第六届至第十二届全国美术作品展，其中获第二届全国中国画展银奖，第七届、第十届全国美术作品展铜奖等。承接并创作完成四项由中宣部、中国文联、文化和旅游部等下达的国家重大美术题材创作项目，主持两项国家艺术基金项目，近百次参加国家级展览及境外学术展览。作品《碑颂·1998》等被中国美术馆收藏，《友谊的丰碑》被中国共产党党史馆收藏另有多件作品被中外各类美术馆、博物馆收藏。中宣部等授予“全国中青年德艺双馨文艺工作者”称号，享受省政府专家津贴和享受国务院颁发的政府特殊津贴专家。

紫韵满山　120cm × 138cm　纸本设色　2021 年

2021 年　第十一届全国工笔画作品展

武警部队庆祝中国共产党成立 100 周年暨第四届美术书法摄影作品展

第七届全国画院美术作品展

庆祝中国国家画院成立 40 周年——守正创新·创作研究成果展

不忘初心 继续前行——庆祝中国共产党成立 100 周年大型美术创作工程作品展

2020 年　时代丹青——全国第三届现代工笔画作品展

伟大历程 壮丽画卷——庆祝中华人民共和国成立 70 周年美术作品展

厦门·中国工笔画双年展

诗意江南——全国工笔画作品展

百年辉煌 武汉记忆——全国美术作品邀请展

溪山晓行　116cm × 138cm　纸本设色　2021 年

陈湘波
Chen Xiangbo

1963 年出生，湖南邵阳人，中共党员，文学硕士，国家一级美术师（正高二级），现任深圳市关山月美术馆党支部书记、馆长，中国工笔画学会副会长，中国博物馆学会美术馆专业委员会副主任，广东美术家协会副主席，广州美术学院硕士研究生导师，澳门城市大学博士生导师，深圳市文联副主席、深圳市美术家协会主席、“深圳市关爱行动公益基金会 / 深圳市慈善会・陈湘波艺术公益基金”发起人，深圳市第六届、第七届人大代表。主编《关山月全集》获“国家新闻出版总署 2012 年国家出版基金项目”、国家出版最高奖“第五届中华优秀出版物奖”。出版有《近现代中国画大家・关山月》《百年山月・陈湘波文集》等关山月研究专著。作品参加国家、省市级美术展并多次获奖，出版 7 部个人专著。作品被中国美术馆等国内外多个专业机构收藏。

2021 年　第十一届全国工笔画作品展
　　　　草木敷荣——当代花鸟画名家邀请展
2019 年　湘水余波——陈湘波作品展
2018 年　四季无声——陈湘波作品展
2016 年　吐纳英华——陈湘波作品展
2013 年　工・在当代——2013 第九届中国工笔画大展
2012 年　跨越喜马拉雅的友谊——中国尼泊尔绘画艺术展
2008 年　草木芳华——陈湘波作品第二回展
2007 年　南国红树林——福田区优秀美术作品展，作品《春风拂羽》被中国美术馆收藏
2004 年　作品《港口晨雾》入选“日中 2004 年国际水墨画展”，获优秀奖

如梦令・荷　130cm × 260cm　绢本设色　2021 年

观·荷　53cm×41cm　绢本设色　2017 年

《观·荷》

作品以陈湘波的工笔“荷花”为基本元素，将中国传统工笔画与现代空间美学相结合，运用现代新媒体交互技术与观众产生互动。观众徜徉作品其中，体验花开花合，感悟一花一世界，一念一尘缘的境界。光影婆娑，心随境转。

——深圳市关山月美术馆数字发展部技术支持

微信扫码可以观看
《观·荷》装置视频

林凡
Lin Fan

1930 年生，字滌龕，又名翊宇，湖南益阳人。中国美术家协会、中国书法家协会、中国作家协会、中国楹联学会会员，中国工笔画学会名誉会长（原中国工笔画学会创始人及会长），解放军艺术学院美术系创办人之一、教授，中国人民解放军美术书法创作院副院长，人民大学“林凡工作室”硕士班导师等，享受国务院颁发的政府特殊津贴专家。作品《李白月下独酌》随神舟飞船进入太空，成为第一件遨游太空的中国艺术品，中南海紫光阁收藏悬挂《微雨动春泉》、天安门迎宾厅《暄春》、八一军委大楼《乾坤万里醉梅香》。出版个人作品集 30 余种。作品被中国美术馆等国内外艺术机构及中外藏家收藏，发表艺术论文百余篇。在国内外举办个人画展 20 多次。

2022 年 真予不夺·林凡艺术展

2021 年 第十一届全国工笔画作品展

2016 年 盛世气象——2016 厦门全国工笔画双年展

工·在当代——2016 第十届中国工笔画大展

2013 年 工·在当代——2013 第九届中国工笔画大展

2011 年 全国第八届工笔画大展暨中国新农村建设成就画展

2002 年 林凡作品展

1998 年 作品《白鹭》入选“法国卢浮宫展”并被收藏，也是法国卢浮宫唯一收藏的中国绘画作品

1995 年 林凡个人书画展

1988 年 林凡画展

我徜徉在幽溪之畔　124cm × 655cm　纸本设色　2020 年

一冲天地开　124cm × 248cm　纸本设色　2020 年

周彦生

Zhou Yansheng

1942年生于河南漯河。1982年毕业于广州美术学院中国画系花鸟画科研究生班，获硕士学位。广州美术学院教授，中国人民大学客座教授，中央文史馆书画院研究员，中国美术家协会会员，广东省文史馆馆员，当代工笔花鸟画理论与实践的开拓者与实践者。2002年被评选为广东当代中国画十大名家。作品入选中国画百年大展及第五届至第九届全国美术作品展并获奖。作品被人民大会堂、钓鱼台国宾馆、中南海、中国美术馆等单位悬挂和收藏。出版有《中国近现代名家——周彦生》《周彦生画集》《荣宝斋画谱——周彦生工笔花鸟部分》等画集、专著、画谱近百种。《人民日报》《美术》《国画家》等重量级报刊发表画作及美术界名家、评论家对其作品的评论文章。

2021年 中国国家画院庆祝中国共产党成立100周年邀请展·百年风华——花鸟画名家作品展

周彦生条屏画展

2015年 盛世繁英——周彦生花鸟画艺术展

2014年 盛世繁英——周彦生花鸟画艺术展

2001年 百年中国画大展

1994年 周彦生工笔花鸟画展·北京展

1992年 作品《绿色韵律》入选“全国首届中国画大展”，获优秀奖

1989年 作品《岭南三月》入选“第七届全国美术作品展览”，获铜奖

戈壁洒金
244cm × 124cm
纸本设色
2009年

二月春风
244cm × 124cm
纸本设色
2002 年

胡勃
Hu Bo

1943 年生于内蒙古扎赉特旗，祖籍山东莱州。现为中央美术学院教授，中国工笔画学会艺术顾问，北京工笔重彩画会艺术顾问。师从著名画家叶浅予、蒋兆和、李可染、刘凌沧等先生，得名师传授，多年来悉心精研，博采古今；潜心耕耘，融汇中西；勤于实践，勇于探索，志于求新。具有坚实的造型基础，深厚的传统底蕴和强劲的创作能力。擅长工笔重彩，尤以工笔人物见精，并在工笔花鸟，写意人物，写意花鸟等方面亦有可喜成果。更以鞍马人物蜚声画坛。其作品造型严谨，格调清新；画风淳朴，意境深邃；健雅抒情，诗意盎然。既有传统文脉又显时代风采，是当代颇有影响的工笔人物画家。多年从事艺术教育事业，培养大批工笔人物画优秀人才。可谓桃李芬芳，蜚声画坛。

2021 年　第十一届全国工笔画作品展

2016 年　2016 中国美术馆贺岁大展——中华民族大团结全国美术作品展

2011 年　天山南北——中国美术作品展

时代精彩·中国工笔画名家邀请展

2010 年　1978“春华秋实”——中央美术学院中国画系研究生班毕业 30 周年纪念展

老来福　150cm×190cm　纸本设色　2011 年

月朗风清　150cm × 220cm　纸本设色　2000 年

莫建成
Mo Jiancheng

中国美术家协会理事，甘肃省美术家协会主席，国家一级美术师。历任陇中画院院长，甘肃画院画家，甘肃省美术家协会副主席等职。长期从事中国画的研究和创作。2003 年担任“全国当代花鸟画艺术大展”评委。作品《幽居图》《莲界》等分别获甘肃省美术创作一、二等奖及在全国性重要展览中获奖，获首届甘肃省人民政府“敦煌文艺奖”“飞天特别奖”。作品被中国国家博物馆、中国美术馆、人民大会堂等收藏。作品被《美术》《人民日报》《光明日报》、中央电视台等发表报道。作品被收入《中国当代工笔画精选》《中国现代花鸟画全集》等著作。出版有《莫建成中国画传统题材花鸟画精选》《作品的诞生·莫建成工笔花鸟赏析》《中国近现代名家精品丛书——莫建成工笔花鸟精选》等。

2001 年　情系西部·中国画邀请展
2000 年　“中华世纪之光”中国画提名展
1998 年　个人画展
1995 年　个人画展，作品《荷图》《竹雀图》获金奖
1994 年　作品《秋在万山深处红》入选“第八届全国美术作品展”
1990 年　个人画展
1989 年　作品《幽居图》入选“第七届全国美术作品展”
作品《雉竹图》入选“中国中青年中国画展”，赴苏联等地展出
1988 年　作品《竹林鹌鹑》入选“中华杯中国画大赛”，获三等奖

出淤泥而不染　濯清涟而不妖
86cm × 180cm
纸本设色
2006 年

青松不老　瑞鹤长春　88cm × 180cm　纸本设色　2011 年

夏荷生
Xia Hesheng

安徽省庐江人，现为中国美术家协会理事，中国美术家协会中国画艺术委员会秘书长，中国工笔画学会副会长，中国画学会理事，全国、全军美术作品展评委，国防大学军事文化学院特聘教授，武警部队宣文中心文艺创作室主任，第八届、第九届、第十届全国青联委员，第八届全国美代会代表，第十届全国文代会代表。先后就读于华东师范大学美术系及中央美术学院郭怡孮花鸟创作高研班。作品多次入选全国美术作品展、全军美术作品展、全国工笔画作品展并获奖，代表作有《铸·石》《屹立》《天山的诺言》《凝固的军魂》《八一枪声》《海天雄风》《时时刻刻》《高原的太阳》等。多幅作品曾被国家博物馆、中国美术馆等多家艺术机构收藏。数十幅巨幅作品陈列于国家和军队多个重要场所。

2021 年　第十一届全国工笔画作品展

2019 年　第十三届全国美术作品展

庆祝新中国成立 70 周年暨第 14 届全军美术作品展

2017 年　庆祝中国人民解放军建军 90 周年全国美术作品展览暨第 13 届全军美术作品展览

2016 年　工·在当代——2016 第十届中国工笔画大展

2014 年　第十二届全国美术作品展

2013 年　工·在当代——2013 第九届中国工笔画大展

2011 年　全国第八届工笔画大展暨中国新农村建设成就画展

2009 年　第十一届全国美术作品展

2004 年　第十届全国美术作品展

青云片
200cm × 230cm
纸本水墨
2020 年

海天雄风　360cm × 320cm　纸本设色　2019 年

倪春林
Ni Chunlin

祖籍山东，现为河北师大美术与设计学院国画系教授、硕士研究生导师、河北省文学艺术界联合会第十届委员会委员。中国美术家协会会员；河北省美术家协会青年美术家委员会主任、中国画艺委会副主任；中国工笔画学会理事；河北省工笔画学会副会长；北京工笔重彩画会会员；中国美术家协会重彩画研究会会员；河北省社科专家库专家；河北省专家咨询服务协会理事；入选河北省“三三三人才工程”；入选河北省 2022 年“燕赵秀林计划”，国家艺术基金美术创作项目获得者。

2022 年　作品《文化中国年——四海同春》入选“第七届全国青年美术作品展”
纪念毛泽东《在延安文艺座谈会上的讲话》发表 80 周年——全国写生采风创作美术作品展

2021 年　第十一届全国工笔画作品展

2017 年　作品《幸福西藏——我的新家》入选“第五届全国画院美术作品展”

2014 年　作品《幸福西藏——我的新家》入选“第十二届全国美术作品展”，获河北省展银奖

2011 年　全国第八届工笔画大展暨中国新农村建设成就画展

2009 年　作品《建设者》入选“第十一届全国美术作品展”，获河北省展银奖

2006 年　作品《百合》入选“全国第六届工笔画大展”，获铜奖

2004 年　作品《天光》入选“第十届全国美术作品展”，获河北省展银奖

2002 年　作品《画室之二·谧》入选“全国第五届工笔画大展”，获铜奖

幸福西藏——我的新家
221cm × 172cm
纸本设色
2014 年

文化中国年——四海同春 215cm × 176cm 纸本设色 2019 年

徐惠泉
Xu Huiquan

1961 年生于苏州，曾就读于苏州工艺美院、中国美院和苏州大学，获硕士学位。现任中国美术家协会理事，中国工笔画学会人物画艺委会主任，江苏省文学艺术界联合会副主席，江苏省美术家协会副主席，江苏省美术馆名誉馆长、理事长，享受国务院颁发的政府特殊津贴专家，国家一级美术师。作品《春江花月》获国际水墨画创作大赛金奖，《芦笙响起》获江苏省文华奖。多次担任全国美术作品展评委，作品由中国国家博物馆、中国美术馆等机构收藏。

2021 年　第十一届全国工笔画作品展

2020 年　崇高的信仰——中国美术馆庆祝中国共产党成立 99 周年美术作品展

工∞ 2021 人物志——首届中国工笔人物画学术邀请展

2019 年　第十三届全国美术作品展

伟大历程 壮丽画卷——庆祝中华人民共和国成立 70 周年美术作品展

第六届全国画院美术作品展

高山景行——孔子文化展

香如故
34cm × 45cm
绢本设色
2020 年

云林钟秀
137cm × 68.5cm
纸本设色
2019 年

高云
Gao Yun

1956 年生于江苏南京，1982 年毕业于南京艺术学院中国画专业，国家一级美术师。政协江苏省第八届、第九届委员，第十届常委，全国政协第十二届委员。曾任江苏美术出版社社长兼总编辑，江苏省美术馆馆长（兼），江苏省文化厅副厅长、正厅级巡视员，中国美术家协会中国画艺术委员会副主任。现为中国画学会创会副会长，中国国家画院院委、研究员，中国美协国家重大题材美术创作艺委会委员，江苏省中国画学会会长等。曾获全国美术作品展金、银、铜奖，江苏省文学艺术界联合会首届德艺双馨艺术家，江苏省委省政府紫金文化奖章等奖项。曾在全国美术作品展、中国艺术节全国优秀美术作品展、全国画院画展等担任评委。作品被中国国家博物馆、中国美术馆、中国国家画院等机构收藏。

2022 年 庆祝南京大学建校 120 周年“云深处——高云作品展”

2021 年 第七届全国画院美术作品展
中国美术馆典藏历代工笔画展
第十一届全国工笔画作品展
同心协力写丹青——中国美术馆藏书画界全国政协委员美术作品展

2020 年 向往经典——中国当代著名艺术家邀请展
中国素描——现当代著名美术家作品邀请展

2019 年 天高云淡——高云作品展
云自在——高云作品展
江苏省优秀美术家系列展——高云作品展

我·我们
173cm × 93cm
纸本设色
2019 年

梦·鱼乐
172cm × 93cm
纸本设色
2019 年

唐勇力
Tang Yongli

1951年生。原中央美术学院中国画学院院长。第十一届、第十二届全国政协委员。作品参加第五届、第六届、第七届、第八届、第九届、第十届、第十一届、第十二届全国美术作品展及全国各类型美术展览，获得各种奖项20余次。举办个人美术作品展数次。代表作品《敦煌之梦系列》《大唐盛世》《盛唐书画艺术》《天道可行》等，《新中国诞生》（4.8米×17米）被国家博物馆收藏并永久陈列展出。从事高等美术院校教学40余年，著述论文50余万字，出版重要艺术文集《厚德载物——唐勇力教学理论文集》《为中国画增高扩》论文集等。现任中央美术学院学术委员会副主任、博士生导师、博士后合作导师。上海美术学院博士生导师及中国画系主任。

2016年　作品《盛唐书画艺术》入选“中华文明重大历史题材美术创作展”
2011年　传统与现代——唐勇力教授中国画展
2006年　世纪风骨——中国美术作品展
2004年　黄宾虹奖美术作品展，获黄宾虹奖
2001年　百年中国画展
1999年　唐勇力作品展
1998年　敦煌之梦——个人作品展
1996年　作品《敦煌之梦》入选“当代水墨现状作品展”
1989年　作品《木兰诗》《历史不能忘却》入选“第七届全国美术作品展”，《木兰诗》获铜奖
1983年　作品《矿工的妻子》《先驱》《为学》入选“第六届全国美术作品展”，《矿工的妻子》被评为优秀作品

盛唐书画艺术　190cm×380cm　纸本设色　2016年

游历古今　150cm × 90cm　绢本设色　2018 年

涂国喜
Tu Guoxi

湖北武汉人。1987 年毕业于湖北美术学院附中，1991 年毕业于广州美术学院中国画系，获文学学士学位。现为广州画院专业画家，国家一级美术师，中国美术家协会会员，中国工笔画学会理事。作品被多家美术馆、博物馆和档案馆等专业机构收藏。出版有《雅致闲情——涂国喜工笔画作品》《香近花语》《涂国喜绘画》《传灯集·涂国喜》等多部作品集。

2021 年　第十一届全国工笔画作品展
2019 年　第六届全国画院美术作品展
2017 年　第五届全国画院美术作品展
2012 年　2012 年全国中国画作品展
2010 年　全国第二届中国画线描艺术展
2009 年　第十一届全国美术作品展
2008 年　全国第七届工笔画大展
2006 年　全国第六届工笔画大展
2003 年　全国当代花鸟画艺术大展
1999 年　第九届全国美术作品展

清清白白
142cm × 158cm
绢本设色
2016 年

幸福生活　218cm×179cm　纸本设色　2019 年

黄援朝

Huang Yuanchao

1995年毕业于解放军艺术学院，国家一级美术师，中国美术家协会会员，武警总部后勤部原画家。黄援朝自幼喜爱绘画，20世纪70年代曾受教于著名画家黄胄。后在解放军艺术学院深造，专攻工笔重彩人物画，擅以质朴的画风，简洁的设色，塑造纯朴秀丽、刚柔相济的女兵，清纯时尚的现代都市女性；粗犷豪放的高原牧女和稚嫩可爱的儿童形象。作品力求表现人物的内心世界。作品连续六次参加第八届至第十三届全国美术展览并获奖。1998年《新兵》获全国第四届工笔画大展金奖，被中国美术馆收藏，并编入《美术馆藏品选二十世纪中国美术》大型画册。作品曾赴日本、韩国、德国、澳大利亚、肯尼亚等国和我国香港、澳门等地区巡回展出。

敬礼·祖国　234cm×200cm　布面设色　2019年

2019 年　作品《敬礼·祖国》入选“第十三届全国美术作品”

2016 年　作品《歼 10 女飞行员》《旗袍》《妞妞·5》入选“中道自然——工笔画展览”

2014 年　作品《歼 10 女飞行员》（局部《青春》）入选“第十二届全国美术作品展”

2013 年　作品《西沙女兵》《高原红》《花语》入选“工·在当代——2013 第九届中国工笔画大展”

2011 年　作品《高原红》入选“西藏解放 60 周年美展”

2009 年　作品《西沙女兵》入选“第十一届全国美术作品展”，获提名奖

2002 年　作品《凝》入选“全国第五届工笔画大展”，获学术奖

1999 年　作品《女特警队员》入选“第九届全国美术作品展”，获优秀作品奖

1998 年　作品《新兵》入选“全国第四届工笔画大展”，获金奖（中国美术馆收藏）

西沙女兵　210cm×190cm　布面设色　2009 年

萧玉田

Xiao Yutian

1945 年生于锦州，1964 年毕业于锦州师范高等专科学校。享受国务院颁发的政府特殊津贴专家，第十届、第十一届、第十二届全国人大代表，国家一级美术师，中央文史馆书画院研究员，曾任中国工笔画学会常务副会长兼秘书长。作品曾被中国军事博物馆、中国美术馆、中央军委第一档案馆、省市级美术馆收藏，多次入选全国美术作品展、全国工笔画作品展，荣获第四届全国连环画评奖三等奖，第 29 届、35 届全国最佳邮票评选优秀邮票奖并多次荣获河北省美展金奖、银奖，10 余次被中国美术家协会聘为国家级美展评委。入编《中国现代美术全集》等大型典籍，出版有《中国美术家大系·萧玉田卷》《画说红楼》《中国工笔画人物技法》等，国家图书馆收藏其著作、画册 8 种。

2021 年　第十一届全国工笔画作品展
　　　　中国美术馆学术邀请系列展：孔雀东南飞——萧玉田工笔画展
2017 年　纪念香港回归祖国 20 周年——全球水墨画大展
2016 年　庆祝中国共产党建党 95 周年“中道自然——当代中国画名家邀请展”
2016 年　工·在当代——2016 第十届中国工笔画大展
2015 年　丹青文脉——中国工笔画学会传承展
2014 年　七彩云南——中国美术作品展
2013 年　工·在当代——2013 第九届中国工笔画大展
1999 年　作品《红楼梦插图》入选“第九届全国美术作品展”，获河北省美术作品展银奖
1994 年　作品《唐诗名篇选绘》入选“第八届全国美术作品展”，获河北省美术作品展金奖
1989 年　作品《孔雀东南飞》入选“第七届全国美术作品展”，获河北省美术作品展金奖

湘云眠芍　86cm×128cm　绢本设色　2019 年

宝琴立雪　54cm × 40cm　绢本设色　2019 年

蒋采苹

Jiang Caiping

1934 年生，河南洛阳人。1958 年毕业于中央美术学院中国画系，历任中央美术学院教授，中国工笔画学会副会长，中国美术家协会重彩画研究会会长，作品多次入选国内外重要画展，多次获奖，并被中国美术馆等机构收藏，出版画集、文集、技法材料书籍等专著数十种，研制高温结晶颜料获国家知识产权局发明专利证书。1998 — 2000 年受聘为文化部教育科技司主办中国重彩画高研班主持，2001 — 2002 年任中央美术学院中国重彩画高研班导师，2003 年受聘为香港中文大学艺术系客座教授，2005 年受聘为中国艺术研究院中国重彩画工作室导师及博士生导师，北京大学中国传统文化艺术研究所蒋采苹工作室导师，清华大学美术学院蒋采苹工作室导师，至今举办重彩画高研班十五届，培养重彩画家数百人。

2021 年　第十一届全国工笔画作品展

2016 年　走进中央党校——中国梦书画名家臻品展

2015 年　美丽中国——中国重彩画巡回展
　　　　2015 年度中国画作品展

2013 年　蒋采苹从艺 60 周年画展暨捐赠作品展

2012 年　中日建交 40 周年美术交流展

2009 年　继往开来——蒋采苹从教 50 周年师生作品展

1997 年　潘世勋蒋采苹台湾写生展

1986 年　作品《三月三之夜》入选“中国当代工笔画学会首届大展”，获银奖
　　　　作品《北京的雪》入选“中国工笔山水画展”，获一等奖

筛月
80cm × 80cm
纸本设色
1991 年

巴基斯坦留学生
180cm × 90cm
纸本设色
2018 年

傅宝民
Fu Baomin

1963年生于吉林梨树。1987年毕业于东北师范大学，1999年结业于原文化部重彩高研班。现为东北师范大学美术学院中国画系教授、硕导，中国美术家协会会员，中国美术家协会重彩画研究会理事，中国工笔画学会理事，吉林省美术家协会理事，吉林省中国画艺术委员会副主任，吉林省画院特聘画家。中央美术学院工笔重彩高研班特聘教授，延边大学名誉教授。作品获首届中国重彩画大展银奖，多次获吉林省美展金奖或一等奖、吉林省政府文艺最高奖长白山文艺奖。多件作品收录于《中国美术全集·重彩卷》，作品《艳阳》入选2016年度国家艺术基金美术创作项目，作品被中国美术馆、吉林省美术馆等机构收藏。

2021年　美在耕耘——迎接建党100周年馆藏百件肖像作品展
　　　　第十一届全国工笔画作品展
2019年　第十三届全国美术作品展
2014年　第十二届全国美术作品展
2012年　纪念毛泽东同志《在延安文艺座谈会上的讲话》发表70周年全国美术作品展
2011年　庆祝中国共产党成立90周年美术作品展览
2009年　第十一届全国美术作品展
1999年　第九届全国美术作品展
1997年　全国中国人物画展览会
1994年　第八届全国美术作品展

芳夏　200cm×240cm　绢本设色　2009年

艳阳二　162cm × 192cm　纸本设色　2019 年

谢振瓯
Xie Zhen’ou

1944 生，浙江温州人。现为福建省画院名誉院长，敦煌研究院特聘研究员，中国画学会创会理事，享受国务院特殊津贴专家，福建省省优专家，国家一级美术师。曾为中国工笔画学会副会长，陕西省政协委员，福建省政协常委，福建省人大代表，福建省美术家协会副主席，福州市文学艺术界联合会副主席，福州画院院长。7 件作品被中国美术馆收藏。作品入编国家大型文献图典。

2021 年　第十一届全国工笔画作品展

2016 年　工・在当代——2016 第十届中国工笔画大展

2013 年　工・在当代——2013 第九届中国工笔画大展

2011 年　全国第八届工笔画大展暨中国新农村建设成就画展

2006 年　全国第六届工笔画作品展

1994 年　作品《空海入唐漂着图》入选“第三届中国当代工笔画作品展”，获金奖

1991 年　作品《快雪时晴》入选“第二届中国工笔画作品展”，获三等奖

1988 年　首届当代工笔画作品展

1983 年　作品《大唐伎乐图》入选“第六届全国美术作品展”，获金奖

1980 年　作品《丝绸之路》入选“第五届全国美术作品展”，获银奖

大唐伎乐图
150cm × 97cm
绢本设色
1983 年

鉴真东渡　184cm × 140cm　纸本设色　1996 年

马书林
Ma Shulin

1956年生于沈阳，1982年毕业于鲁迅美术学院，获学士学位。原鲁迅美术学院副院长兼附中校长、教授，中国美术馆原常务副馆长，中国美术馆原展览资格评审委员会主任，中国美术家协会第六届、第七届、第八届理事，第三、第四届中国画艺术委员会副主任，全国美术作品展评审委员，北京双年展策委会委员，中国书法家协会会员，北京文史研究馆馆员，中央文史研究馆书画院、中国国家画院、中国艺术研究院特聘研究员。作品多次参加国内外重要美术展览并获奖，先后在上海美术馆、中国国家大剧院、中国国家博物馆等举办个展。作品被中国美术馆、中国国家博物馆、人民大会堂等机构收藏。出版有《笔墨本无界——马书林画集》《书林画戏》《中国画名家经典——马书林》等。

2021年　第十一届全国工笔画作品展
2019年　第十二届中国艺术节
2018年　书林写意——马书林中国画作品展
2016年　戏韵丹青——戏画八名家作品展
2015年　传统与演变——中国当代艺术中的人物展
2014年　中国意象——当代中国水墨与雕塑艺术展
　　　　庆祝新中国成立65周年——2014全国中国画名家（苏州）邀请展
2013年　美丽中国·中国国家画院美术作品展
　　　　书林画戏——马书林中国画作品展
2012年　“书林画语——马书林中国画作品展”母校汇报展

向天歌　82cm×202cm　绢本设色　1980年

银梦　247cm×173cm　绢本设色　1989 年

王法
Wang Fa

江苏南通市人，毕业于南京师范大学，现为江苏省美术馆馆长、党总支书记，国家一级美术师。中国美术家协会会员，中国艺术研究院工笔画院特聘研究员，中国工笔画学会常务理事。作品曾入选第三届全国青年美术作品展，入选第八届、十三届全国美术作品展，获第十届全国美术作品展（铜奖），获第十一届全国美术作品展（获奖提名），入选第十届、第十一届、第十二届中国艺术节全国优秀美术作品展，入选第十一届全国工笔画作品展，获 2015 年“傅抱石奖”，获第二届、第三届、第四届“江苏文华美术奖”，2020 年被评为江苏省“紫金文化艺术英才”。

2021 年　第十一届全国工笔画作品展
2019 年　第十三届全国美术作品展
　　　　第十二届中国艺术节全国优秀美术作品展
2016 年　第十一届中国艺术节全国优秀美术作品展
2013 年　第十届中国艺术节全国优秀美术作品展
2009 年　第十一届全国美术作品展，获奖提名，
2008 年　第三届全国青年美术作品展
2004 年　第十届全国美术作品展，获铜奖
1994 年　第八届全国美术作品展

花落空庭暮
200cm × 140cm
纸本设色
2015 年

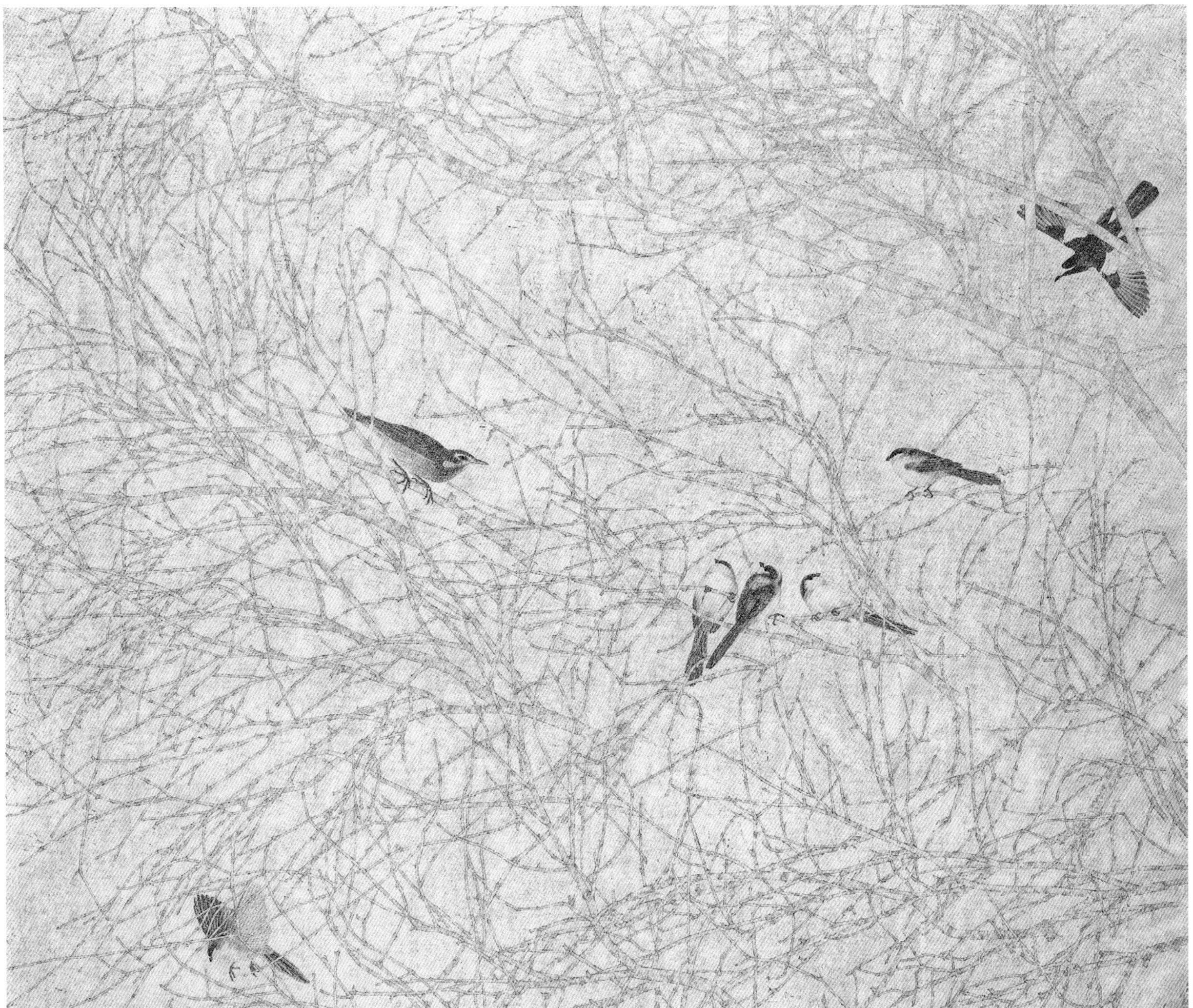

花自落　240cm × 168cm　纸本设色　2019 年

王仁华
Wang Renhua

中国美术家协会会员，国家一级美术师，中国画学会理事，中国工笔画学会理事，民盟中央美术院理事，安徽省书画院专职画家，安徽省中国画学会副会长，安徽省民盟书画院院长，安徽省文史馆馆员，享受国务院颁发的政府特殊津贴专家。

2019 年　作品《异彩纷呈》入选“第八届中国北京国际美术双年展”
作品《剪花娘子》入选“第十三届全国美术作品展”

2017 年　作品《古灯今照》入选“第七届中国北京国际美术双年展”

2014 年　作品《压伤的芦苇他不折断》入选“第十二届全国美术作品展”

2009 年　作品《中国记忆》入选“第十一届全国美术作品展”

2005 年　作品《似水似风似云》入选“中国美协百家金陵中国画展”，获金奖

2004 年　作品《美眉》入选“第十届全国美术作品展”，获铜奖，并获日本日中友好会馆大赏（国画最高奖）
作品《胭脂》入选“第二届中国人物画展——纪念蒋兆和诞辰 100 周年”，获银奖

2001 年　作品《庭院深深》入选“二十一世纪中国画澳大利亚展”，获银奖

2000 年　作品《窥探》入选“新世纪·中国风情中国画展”，获金奖

送戏下乡
100cm × 66cm
绢本设色
2021 年

杜鹃花开　230cm × 230cm　纸本设色　2022 年

王申勇
Wang Shenyong

1972 年生于四川省成都。四川省诗书画院（省画院）专职画家，院长助理；国家一级美术师；中国美术家协会会员；四川省工笔画学会会长；中国工笔画学会常务理事；国际东方艺术学院欧洲中心名誉高级研究员；担任 2012（伦敦）奥林匹克美术大会艺术指导委员会主任委员；2012-2018 年清华大学美术学院高研班——工笔花鸟、走兽画专项研修班导师；成都大学东盟艺术学院客座教授，硕士生导师；2020 年阿联酋迪拜世博会中国馆专家委员会专家。

2004 年　作品《大熊猫》入选“第十届全国美术作品展”，获优秀奖

2002 年　作品《熊猫》入选“中国西部大地情全国中国画大展”，获金奖

2000 年　作品《觅 2》入选“新世纪全国中国画、书法精品大展”，获金奖

作品《大熊猫》入选“中华魂全国中国画、书法大展五百家”，获金奖

作品《熊猫》入选“亚享杯全国绘画、书法精品展”，获银奖

1999 年　作品《忆秋》入选“第九届全国美术作品展”

作品《月夜》入选“中国美协中国画三百家作品展”，获铜奖

作品《忆秋 2》入选“第二届全国花鸟画展”，获优秀奖

夫诸 · 老鸹
180cm × 85cm
绢本设色
2019 年

三阳开泰
180cm × 85cm
绢本设色
2019 年

王牧羽
Wang Muyuu

1975年生于山东。2006年毕业于山东艺术学院，获硕士学位，导师岳海波。2010年入首都师范大学美术学院刘进安现代水墨工作室学习，导师刘进安。2020年毕业于中国艺术研究院，获博士学位，导师陈孟昕。现任中国工笔画学会秘书长。多次入选和受邀参加国家级重要学术展览，在深圳关山月美术馆、南京艺术学院美术馆等多个重要美术馆举办个展。在《美术观察》《画刊》《国画家》等多个专业杂志发表学术论文多篇。2020年获中国艺术研究院优秀博士论文奖，2021年作品获“百年华彩——百家金陵画展”典藏作品（金奖）。作品被南京艺术学院美术馆、深圳关山月美术馆、山东省美术馆等机构收藏。

2021年　百年华彩——2021·百家金陵画展
中国国家画院山河锦绣全国山水画作品展
第十一届全国工笔画作品展

2020年　湖海江河——王牧羽作品展
第二届湖南中国双年展

2019年　水——王牧羽作品展
精微广大——2019中国当代工笔画名家邀请展

2018年　以水为水——王牧羽水墨个展

2017年　高山流水——中国当代山水画展第二回

2016年　工·在当代——2016第十届中国工笔画大展

水生万物
220cm × 179cm
纸本设色
2021年

水图·赤壁如烟　74cm×74cm　纸本水墨　2021年

王冠军
Wang Guanjun

黑龙江望奎人。1998 年考入中央美术学院中国画系，2006 年研究生毕业获硕士学位。现为北京画院专业画家、学术委员会委员、人物画创作室主任，国家一级美术师，文化部现代工笔画院副院长，上海美术学院客座教授，中国人民解放军国防大学军事文化学院客座教授，厦门大学客座教授，北京市高级职称评审委员会评审专家、“四个一批”人才、中华全国青年联合会委员，中国美术馆展览资格评审委员会委员，中国美术家协会中国画艺委会委员，中国艺术研究院工笔画院研究员等。作品在《美术》等国内外杂志及画册发表，出版有《新锐工笔画家——王冠军》《王冠军作品集》《中国画廊推介画家精品——王冠军》等，作品被中国共产党历史展览馆、中国国家博物馆、中国美术家协会等学术机构及私人收藏。

2021 年　第十一届全国工笔画作品展
　　　　　不忘初心 继续前进——庆祝中国共产党成立 100 周年大型美术创作工程
2020 年　众志成城——抗疫主题美术作品展
2014 年　第十二届全国美术作品展
2011 年　第四届全国青年美术作品展，获奖
2009 年　第十一届全国美术作品展，获优秀奖
2008 年　第三届全国青年美术作品展，获奖
2006 年　锦瑟华年——王冠军作品展
2004 年　第十届全国美术作品展，获铜奖
2002 年　全国第五届工笔画大展，获金奖

锦瑟华年系列 · hello 北京
290cm × 190cm
纸本设色
2008 年

锦瑟华年系列·半窗晴翠　290cm×190cm　纸本设色　2014 年

王颖生
Wang Yingsheng

1963年生于河南沈丘。1997年毕业于中央美术学院国画系，获硕士学位，2003年至2004年被国家基金委员会选派至列宾美术学院梅里尼可夫工作室做访问学者，2013年毕业于中央美术学院"中国传统壁画理法研究"专业，获博士学位。现任中央美术学院修复学院院长，中央美术学院艺术创作研究院院长，中央美术学院教授，中国美术家协会壁画艺术委员会主任。作品获第八届全国美展优秀作品展最高奖；第九届全国美术作品展优秀奖；第十一届全国美术作品展金奖；第十届、第十二届全国美术作品展铜奖等多个重要奖项。作品被中国国家博物馆、中国美术馆、中央美术学院美术馆等机构收藏。

2020年 众志成城——抗疫主题美术作品展

2018年 香港牵动我的心——庆祝改革开放40周年美术创作展

2017年 北京重大历史题材美术作品展
最美中国人——庆祝中国共产党第十九次全国代表大会胜利召开大型美术作品展

2016年 纪念红军长征胜利80周年美术作品创作展
中华史诗美术大展——中华文明历史题材历史画创作工程

2015年 草原长调——中蒙当代美术交流展

2014年 南象北相——王赞、周京新、张江舟、王颖生人物画展

2013年 中华文明历史题材美术创作工程展

2009年 第十一届全国美术作品展，获金奖

万国来朝 416cm×2900cm 布面设色 2014年

春秋五霸 360cm × 340cm 板面设色 2019 年

邓海林
Deng Hailin

1983 年生于广东湛江，本科和硕士毕业于广州美术学院学院美术学专业。现为广东嘉应学院林风眠学院讲师。中国美术家协会会员，中国工笔画学会会员，广东省美术家协会会员，广东省中国画学会会员，广东省青年美术家协会工笔画艺委会委员，广州美术学院粤东校友分会第二届理事会秘书长兼常务理事，梅州市美术家协会秘书长，梅州市青年美术家协会副会长。

2020 年　写意・苏州——（花鸟篇）中国画双年展

2019 年　风眠故里——全国中国画（山水・花鸟）作品展

时代丹青・全国第三届现代工笔画作品展

2018 年　翰墨青州・2018 全国中国画作品展

出彩郑州——全国第五届中国画线描艺术展

2016 年　第三届广东岭南美术大展

2015 年　首届广东省高校美术作品学院双年展

2014 年　庆祝中华人民共和国成立 65 周年——广东省美术作品展览

中国梦——第十二届广东省艺术节优秀作品展

丹青墨语——广东省高校中国画作品展

客韵谐和图
240cm × 122cm
纸本设色
2019 年

秋庭野蕙图　232cm × 192cm　纸本设色　2019 年

未君
Wei Jun

1973 年 11 月生于湖南益阳，民主党派人士。先后毕业于天津美术学院中国画硕士研究生班及中国艺术研究院研究生院郭怡孮工作室。现任湖南工商大学设计艺术学院特聘教授，湖南省新的社会阶层人士联合会副监事长；中国美术家协会会员，中国工笔画学会理事，中国热带雨林艺术研究院理事，九三学社中央书画院成员。主要研究方向为中国工笔重彩画花鸟画和重彩山水画创作与理论研究，在学术理论研究方向特别强调坚实的画史画论和美学基础研究，并富有独到的见解和认识。作品数十次参加国内各类美术作品展出并获奖，在国内举办个人画展多次。已出版《当代美术名家工作室文献研究·紫陌醉羽》《未君画集》《未君山水画技法精解》等个人专著画册 20 余种。

2021 年　第十一届全国工笔画作品展
2020 年　同心铸魂——湖南统一战线庆祝中国共产党成立 100 周年书画展
2019 年　精微·广大——中国当代工笔画名家小幅精品展
　　　　第十三届全国美展湖南省优秀美术作品展
2016 年　盛世气象——2016 厦门全国工笔画双年展
2014 年　精致立场——全国第二届现代工笔画大展
　　　　2014 厦门全国工笔画双年展
2013 年　大美西双版纳——全国工笔画学术展
2011 年　全国第八届工笔画大展暨中国新农村建设成就画展
2007 年　全国第七届工笔画大展

溪水潺潺向东去
164cm × 104cm
纸本设色
2021 年

桃花又开了　131cm × 88cm　绢本设色　2021 年

叶芃

Ye Peng

1973 年出生，浙江省开化人。1993 年毕业于浙江师范大学美术系。2003 年毕业于南京艺术学院美术学院，获硕士学位，师从江宏伟教授，2014 年毕业于中央美术学院，获博士学位，师从郭怡孮教授，2003 至 2016 年任教于上海华东师范大学艺术学院，2016 年任教于中国美术学院中国画与书法艺术学院中国画系，副教授、硕士导师，中国美术家协会会员，中国工笔画学会理事。作品被外交部、中国美术馆、中央美术学院美术馆等机构收藏。

2021 年　第十一届全国工笔画作品展

2017 年　金砖国家领导人厦门会晤美术创作贡献奖

2016 年　G20 峰会主会场作品布置

2014 年　第十二届全国美术作品展

2010 年　上海世博会中国馆贵宾厅作品布置

2009 年　第十一届全国美术作品展，获奖提名

2004 年　第十届全国美术作品展（上海展）

2002 年　奇迪杯·全国第五届工笔画大展，获优秀奖

2001 年　黄宾虹奖——中国高等美术院校中国画新秀作品展，获金奖

中国艺术博览会优秀作品奖

天际寥廓·时空
230cm × 190cm
纸本设色
2019 年

天际寥廓·祥瑞　240cm × 200cm　绢本设色　2021 年

刘瑶
Liu Yao

生于天津。2014 年毕业于中国艺术研究院，获博士学位。现任中国艺术研究院工笔画院副院长、工笔画学会理事、北京市中华全国青年联合会委员、文艺界别副秘书长，中国艺术研究院硕士导师、国家二级美术师。多年致力于当代工笔人物画的创作与研究，代表作《旖旎暮色》《春晖寸草心》《游梦》《古兰丹姆和她的朋友们》等。近年来，主持、参与国家重大历史题材主题性创作多幅，主题性创作作品有《国庆的日子》《黄河情》等，部分作品被中国美术馆收藏。曾多次参加国内外大型艺术作品展，在艺术实践上取得了优异的成绩。同时，创作艺术实践与本学科系统研究并进，相关成果在《美术》《美术观察》等期刊中均有发表。

2021 年　作品《旖旎暮色》入选“百花齐放 推陈出新——中国艺术研究院艺术大展”

作品《游梦》入选“丹青未央——2021 首届中国工笔画学会青年艺委会学术邀请展”

作品《黄河情》参与文化部黄河文化主题美术创作项目并入选“长河大道——黄河文化主题美术作品展”

作品《古兰丹姆和她的朋友们》入选“第十一届全国工笔画作品展”

2020 年　作品《春晖寸草心》入选“第十三届全国美术作品展”

2019 年　作品《国庆的日子》入选“中华人民共和国成立 70 周年美术作品展”

主持参与国家重大历史题材创作，作品《国庆的日子》入选并被中国美术馆收藏

作品《旖旎暮色》《游梦》《夜如初》入选“生活的印记——何家英师生作品展”

“瑶台镜”中国美术馆双个展

2018 年　作品《旖旎暮色》入选“第六届全国青年美术作品展”

游梦
100cm × 50cm
绢本设色
2021 年

春晖寸草心　216cm × 182cm　绢本设色　2019 年

江宏伟

Jiang Hongwei

1957 年 11 月生于江苏无锡。1977 年毕业于南京艺术学院美术系。曾任南京艺术学院教授。现为中国艺术研究院中国画院研究员，博士生导师。

2020 年　向往经典——中国当代艺术家邀请展
2019 年　花径漫步——江宏伟工笔展
2018 年　以古开今 传承创新——中国画作品邀请展
　　　　　时代华章 · 2018 ——第二届中国画学会展
2017 年　鸟鸣四季——江宏伟个展
2016 年　江宏伟精品展
2009 年　第十一届全国美术作品展
2005 年　江宏伟画展
2004 年　第十届全国美术作品展
2003 年　江宏伟花鸟画展

余雨竹色明　93cm × 131cm　纸本设色　2018 年

秋塘闲趣　101cm × 70.6cm　纸本设色　2020 年

孙志钧
Sun Zhijun

1951年生于北京，1978年内蒙古师范大学美术系毕业，1987年中央美术学院国画系研究生毕业，获硕士学位。现为首都师范大学美术学院资深教授、博士研究生导师、美术学院学术委员会主任，中国工笔画学会副会长，北京美术家协会顾问，中国国家画院研究员，中央文史馆书画院研究员。作品曾多次入选国内外大型美术作品展览，第六届、第八届、第十届、第十一届、第十二届全国美展，第一届至第五届中国工笔画学会大展，全国首届中国画人物画展等。作品曾获第六届全国美术作品展铜奖，中国当代工笔画展三等奖等多种奖项。曾多次在国内外举行个展和联展。作品被中国美术馆、内蒙古美术馆等机构收藏。

2015年　第六届中国北京国际美术双年展
2014年　第十二届全国美术作品展
2012年　浩瀚草原——中国美术作品展
2011年　天山南北——中国美术作品展
2009年　第十一届全国美术作品展
2008年　灵感高原——西藏主题绘画展
2007年　形象对话——中国油画、工笔重彩、水墨肖像艺术展
2004年　第十届全国美术作品展
1997年　中国当代工笔画展，获三等奖
1984年　第六届全国美术作品展，获铜奖

白牛　33cm×124cm　纸本设色　2005年

布里亚特的冬季　186cm × 179cm　纸本设色　2014 年

苏柏斗
Su Bodou

1997 年毕业于解放军艺术学院美术系。北京大学中国传统艺术文化研究所教授、工笔画研究室主任，中国艺术研究院工笔画研究院研究员，中国工笔画学会常务理事，中国美协中国重彩画研究会理事，北京工笔重彩画会理事。获美国前总统奥巴马签署的“杰出艺术家”奖、英国伦敦奥林匹克美术大会“金奖”、美国国会颁发的“艺术杰出贡献奖”等奖项。作品被日本中川美术馆等收藏。出版有《人美画谱——法海寺壁画》《工笔观音画法》《苏柏斗作品集》等。

2021 年　第十一届全国工笔画作品展
2020 年　古韵中华——苏柏斗壁画艺术研究展
2019 年　苏柏斗壁画作品展，五台山仰佛山庄
　　　　　精微・广大——中国当代工笔画名家小幅精品展
2018 年　经典对画——苏柏斗壁画艺术研究展
2016 年　盛世气象——2016 厦门全国工笔画双年展
2015 年　观自在——苏柏斗作品展
2010 年　百年百虎中国画作品展
2009 年　海峡两岸中国重彩画交流展
2008 年　北京大学 110 周年校庆书画邀请展

守望
135cm × 85cm
绢本设色
2016 年

守候　180cm×200cm　绢本设色　2011 年

吴彩好
Wu Caihao

又名吴彩皓，1974 年生于广东恩平。2004 年毕业于广州美术学院国画系花鸟画专业，获硕士学位。现为广州美术学院副教授，硕士生导师，美术教育学院学校美育教研中心主任。

2020 年　作品《在水一方》入选“第五届广东省高校美术作品学院奖双年展”，获一等奖

2018 年　工以载道——广东省第七届中国画（工笔）展

2013 年　墨韵岭南——全国中国画作品展

2011 年　2011 全国中国画作品展

2010 年　作品《岭南风物》入选“广东岭南美术大展”，获铜奖

2009 年　庆祝中华人民共和国成立 60 周年广东省美术作品展

2005 年　作品《早春玉白》入选“第四届广东省中国画展”，获银奖

2004 年　庆祝中华人民共和国成立 55 周年广东省美术作品展

在水一方
200cm × 120cm
纸本设色
2020 年

英华待放
200cm × 120cm
纸本设色
2021 年

吴锦洵
Wu Jinxun

1994 年生于广东潮州市。2021 年硕士毕业于广州美术学院，师从陈湘波教授。广东省中国画学会会员，广东省青年美术家协会会员，深圳工笔画学会会员。获广州美术学院 2021 届研究生优秀毕业创作、广州美术学院“陈湘波优秀硕士生毕业创作奖学金”一等奖。

2021 年　青年视界·2021 深圳青年美术大展
　　青春心印——第八届关山月美术馆青年工笔画展
　　北京靳尚谊艺术基金会“第二届青年画家扶植暨绘画新锐展”
2020 年　我和我的祖国——广州市美术大展
2019 年　回归原点——经典中国画临摹展
　　时代丹青·全国第三届现代工笔画作品展
　　青春心印——2019 年第六届关山月美术馆青年工笔画展
2017 年　许钦松基金会创作奖

天游
183cm × 107cm
纸本设色
2021 年

浴月　181cm × 143cm　纸本设色　2021 年

邹训精
Zou Xunjing

2021 年　第十一届全国工笔画作品展
2018 年　多彩中国微型艺术展
　　　　品真格物——全国青年工笔画作品展
2016 年　万年浦江——全国中国画花鸟作品展

1987 年生于江西，2008 年毕业于中央美术学院，获学士学位，2014 年毕业于中央美术学院，获硕士学位，现任中国工笔画学会会长秘书、中国美术家协会会员、中国工笔画学会理事、南池子美术馆理事。获中央美院本科毕业作品“优秀毕业作品奖”；万年浦江——全国中国画花鸟作品展“入会资格”并被永久收藏；品真格物——全国青年工笔画作品展“入会资格”并被永久收藏。作品被中央美术学院、意大利贝纳通学术研究基金会、加拿大多伦多大学图书馆等机构收藏。

篁竹野趣
136cm × 68cm
纸本设色
2019 年

故园之梦 -11　67cm × 45cm　纸本设色　2019 年

张策
Zhang Ce

1957年生于辽宁铁岭。中国美术家协会理事，中国工笔画学会副会长，辽宁省美术家协会副主席，辽宁省工笔画学会会长，铁岭市美术家协会主席，铁岭市工笔画研究院名誉院长、国家一级美术师。多次于国外、国内举办个人画展及联展。作品《大山正月》获第十二届全国美术作品展银奖。出版画集《张策花鸟画集》《新工笔画选萃》《中国近现代名家张策画集》《怎样画工笔鹰》《张策画鹰》《跟名家学书画——张策画鹰》《名家经典——张策画集》等。

2021年　第十一届全国工笔画作品展

2019年　作品《圆梦之路》入选“第十三届全国美术作品展”

2016年　工·在当代——2016第十届中国工笔画大展

2014年　作品《大山正月》入选“第十二届全国美术作品展览”，获银奖

2011年　作品《高天厚土》入选“全国庆祝中国共产党成立90周年美术作品展览”

2009年　作品《大地回春》入选“第十一届全国美术作品展”

2006年　作品《天地英雄》入选“全国第六届工笔画大展”

2002年　作品《霜重色愈浓》入选“纪念毛泽东《在延安文艺座谈会上的讲话》发表60周年展”

1992年　作品《季秋》入选“全国首届中国花鸟画大展”

1989年　作品《雪野》入选“第七届全国美术作品展”

初雪无声　200cm×350cm　纸本设色　2009年

圆梦之路　208cm × 176cm　纸本设色　2019 年

陈湘金
Chen Xiangjin

1963年生于湖南新宁，毕业于长沙理工大学工业设计专业，现为自由职业艺术家，中国美术家协会会员，中国工笔画学会二、三届理事，中国画学会会员，中国美协河山画会会员，湖南省美协新文艺群体联络委员会主任，湖南省首批新文艺群体领军人才，湖南省洪江古商城写生创作基地负责人，怀化市中国画学会会长，怀化市美术家协会副主席，怀化市国画院副院长。2011年作品《岁月如烟》获第八届全国工笔画作品展优秀奖，作品《洪江古商城》《红军通往胜利的曙光——通道转兵会议》《绿地生晖》收藏于湖南美术馆。出版有《经典·风范—中国当代核心画家陈湘金作品集》（2012年，天津人民出版社）、《陈湘金作品集》（2020年，湖南美术出版社）。

2021年　第十一届全国工笔画作品展

2020年　第二届湖南·中国画双年展

2019年　首届湖南·中国画双年展
第六届全国画院美术作品展
第十三届全国美术作品展

2018年　美丽中国·纪念改革开放40周年——全国中国画作品展

2014年　第十二届全国美术作品展

2012年　庆祝中国人民解放军建军85周年全国美术作品展暨第12届全军美术作品展

2011年　作品《岁月如烟》入选“全国第八届工笔画大展暨中国新农村建设成就画展”，获银奖
作品《太行壶口泣沧桑》入选“第三届中国（湘潭）齐白石国际文化艺术节中国画作品展”，获优秀奖

绿地生晖
200cm × 100cm
纸本设色
2019年

林壑春音　180cm × 160cm　纸本设色　2019 年

林涛

Lin Tao

1968 年生，祖籍福建莆田，自幼随父亲——国画家林金定学画，1989 年毕业于厦门集美大学美术学院，1995 年结业于中央美术学院国画系。现为中国美术家协会理事，中国美术家协会中国画艺术委员会副秘书长，中国工笔画学会常务理事，艺术委员会委员，福建省美术家协会副主席，福建省美术家协会工笔画艺委会主任，厦门市美术家协会副主席，中央民盟美术院厦门分院院长，厦门大学艺术学院、集美大学美术学院、福州大学工艺美术学院特聘硕士研究生导师，厦门市拔尖人才等。近年来多次担任中国美术家协会主办的国展评委，曾于北京、台湾、香港、宁波、厦门等地多次举办个人画展，出版有多本个人画集。

2022 年　翰墨家国——荣宝斋 350 周年专题展

2021 年　庆祝中国共产党成立 100 周年“红船颂”全国美术精品创作工程作品展暨第五届“红船颂”全国美术作品展

香港全球水墨画大展 2021

第十一届全国工笔画作品展

2020 年　从历史走向未来——纪念紫禁城建成 600 周年中国画大展

大红喜柿
100cm × 64cm
纸本设色
2010 年

红颜旧梦　200cm×200cm　纸本设色　2011 年

林蓝
Lin Lan

1971年生于广东，毕业于清华大学美术学院，获美术学博士学位。现任广东画院院长、广东省美术家协会主席、中国美术家协会中国画艺术委员会副主任。作品《诗经——长歌清唱》入选中国文学艺术界联合会、财政部、文化部主办“中华文明历史题材美术创作工程”“中华史诗美术大展”，为中国国家博物馆收藏长期陈列。作品《长流不息——保护文化遗产传承民族文脉》入选文旅部主办“国家主题性美术创作项目”“伟大征程 时代画卷——庆祝中国共产党成立100周年美术作品展”，被中国美术馆收藏。作品《光明的梦想——南湖红船》（第一作者）被中国共产党历史展览馆收藏。作品《南国的风——深圳珠海汕头厦门经济特区》（第一作者）入选中央广播电视总台《美术经典中的党史》节目。

2021年 伟大征程 时代画卷——庆祝中国共产党成立100周年美术作品展

2019年 第五届艺术与科学国际作品展暨学术研讨会

庆祝中华人民共和国成立70周年——第十三届全国美术作品展

第六届全国画院美术作品展

花语·物语——中日韩女画家联展

第十届深圳国际水墨双年展

2018年 大潮起珠江——庆祝改革开放40周年全国美术作品展

2017年 其命惟新——广东美术百年大展

2016年 中华史诗美术大展

2016年—2020年 流金写意——林蓝中国画作品展

午夜
104cm × 104cm
纸本设色
2019年

白昼　104cm × 104cm　纸本设色　2019 年

林若熹
Lin Ruoxi

1963年出生，北京人，祖籍广东惠来。中国艺术研究院艺术委员会委员、教授、博士生导师。1988年广州美术学院国画系学士，2002年暨南大学文艺学博士，有《白描研究》《中国画水论》获国家级课题立项。1993年、2005年、2017年三度在中国美术馆举办个人画展，1996年、2000年、2019年在彰化文化馆等举办个人画展，多次在国内外举办个人画展。作品《春夏秋冬》等获国家及省部级奖项。有论著《中国画线意志》《解读传统》和多部画册出版。

2021年　第十一届全国工笔画作品展
2020年　向往经典——中国当代著名艺术家邀请展
2018年　品真格物——全国青年工笔画作品展
2017年　第五届全国画院优秀作品展
2010年　第一届全国优秀作品展
2003年　北京国际双年展
2001年　百年中国画展
1999年　第九届全国美术作品展
1994年　第三届中国画展
1989年　第七届全国美术作品展

听琴　193cm×530cm　纸本设色　2019—2020年

风裳
140cm × 70cm
纸本设色
2021 年

罗翔
Luo Xiang

1981年生于广西，壮族。毕业于中央美术学院中国画专业，获文学硕士学位。马克思主义文艺学博士。现任中国国家博物馆副研究馆员、国家博物馆策展人，中央文史研究馆书画院研究员，中国工笔画学会副会长。作品被中国美术馆、国家博物馆等机构收藏。

2021年　第十一届全国工笔画作品展
2020年　第十三届全国美术作品展
2019年　全国中青年美术家“深入生活　扎根人民”主题实践美术作品展
2017年　第九届中国体育美术作品展
　　　　庆祝香港回归20周年全国中国画作品展
　　　　华夏文明之光——中国艺术大展
2016年　纪念红军长征胜利80周年全军美术作品展
2013年　工·在当代——2013第九届中国工笔画大展
2011年　纪念辛亥革命100周年全国综合美术作品展
2007年　全国第三届中国画展

晨曦迪士尼　140cm×240cm　绢本设色　2019年

大圣归来之离乡寻艺　68cm×68cm　绢本设色　2020 年

罗寒蕾
Luo Hanlei

1973年生于广西合浦县，1998年毕业于广州美术学院中国画系，获硕士学位。现工作于广州画院，国家一级美术师，中国美术家协会会员，广东省中国画学会副会长。作品获2011中国百家金陵画展金奖；2009中国百家金陵画展金奖、全国第三届中国画展优秀作品奖。作品被中国美术馆、江苏美术馆、古元美术馆等机构收藏。

2021年　寒烟描——罗寒蕾工笔画展
2019年　如常——罗寒蕾工笔画展
2018年　信徒——罗寒蕾工笔画展
2015年　第五届全国青年美术作品展
2014年　第十届全国美术作品展
2012年　锦绣中华——行进中的新世纪中国美术大展
都市·田园——中国美术馆中国画提名展
“纪念毛泽东《在延安文艺座谈会上的讲话》发表70周年”全国美术作品展
2011年　第四届全国青年美术作品展
2009年　第九届全国美术作品展

寒烟
78cm×46cm
纸本设色
2021年

你不孤单　87cm × 55cm　纸本设色　2019 年

胡明哲
Hu Mingzhe

1988 年硕士研究生毕业于中央美术学院中国画系。现为中央美术学院教授，上海美术学院特聘教授博士导师，中国工笔画学会理事。1997 年获中国美术馆中国工笔画学会第四届大展金奖。作品被中国美术馆、中央美术学院美术馆、中国国家大剧院等机构收藏。

2019 年 策划：溯源 重生——中国岩彩绘画创作展
2018 年 策划：溯源 重生——岩彩绘画课程体系实践轨迹展
2016 年 策划：丝路 岩语——中国岩彩绘画文献展
2015 年 策划：本土 萌芽——岩彩绘画实验课程展
2011 年 微尘——胡明哲作品展
2001 年 胡明哲岩彩作品展
2000 年 胡明哲岩彩作品展
1999 年 胡明哲岩彩作品展

本色之光
200cm × 100cm
布面设色
2013 年

蓝色空间　194cm×133cm　布面设色　1998 年

姚占芳
Yao Zhanfang

1967年生于河北省霸州市，国家一级美术师，中国美术家协会会员，中国工笔画学会理事，河北省工笔画学会副会长，辽宁省中国画艺委会委员，盘锦市美术家协会副主席，廊坊市美术家协会副主席，霸州市美术家协会主席，现代工笔画院教授，首都师范大学特聘教授，辽河画院职业画家，霸州市范家坊工笔画院院长。2004年获河北省第一届美术振兴奖，2015年获河北省“燕赵之星”艺术奖，2019年获河北省第二届文艺贡献奖等奖项。作品获“全国第十二届群星展”银奖、河北省一等奖，“当代全国花鸟画大展”金奖，“第六届全国工笔画大展”金奖等奖项。出版有《姚占芳工笔画作品》《当代实力派画家姚占芳——工笔画作品集》《全国第六届工笔画——金奖作者（姚占芳）作品集》等。

2019年　作品《乡土味道》入选“第十三届全国美术作品展中国画作品展”
2006年　作品《麦收时节》入选“全国第六届工笔画大展”，获金奖
2003年　作品《田园乡景》入选“当代全国花鸟画大展”，获金奖
2002年　作品《乡情》入选“纪念5.23讲话60周年全国美术作品展”，获河北省铜奖
　　作品《田园秋景》入选“2002年全国中国画作品展”，获铜奖
　　作品《冬日》入选“全国第五届工笔画大展”，获优秀奖
　　全国第十二届群星展，获银奖、河北省一等奖
2001年　作品《乡音乡情》入选“新时代中国画作品展”，获银奖
1999年　作品《爱》入选“第九届全国美术作品展河北省优秀作品展”
1997年　作品《妈妈在哪里》入选“当代中国工笔画作品展”，获佳作奖

霸州地标　43cm×67cm　纸本设色　2022年

秋实　138cm×34cm×4　纸本设色　2021 年

莫晓松

Mo Xiaosong

1964 年生于甘肃陇西，现为北京画院副院长、艺术委员会副主任，国家一级美术师。中国美术家协会理事，中国工笔画学会副会长，中国画学会理事，北京美术家协会理事，热带雨林艺术研究院常务理事，北京党外高级知识分子联谊会理事，北京高级职称评审委员，全国美术作品展评委。2003 年被评为甘肃省文学艺术界联合会第二届"德艺双馨"文艺家；先后为中央政治局、国家领导人办公室、中央统战部等创作作品。出版有个人画册和技法书 10 多种。

2017 年　寻脉舒怀——莫晓松书画作品展

2014 年　中国书画大展

2013 年　中国梦·濠江情中国书画作品联展

2012 年　清和我心——莫晓松工笔花鸟画展
作品《春到红墙》入选"全国当代花鸟画艺术大展"，获金奖

2001 年　百年中国画展

2000 年　作品《冬至》《河西九月天》《夏绿》入选"迎接新世纪中国画艺术大展"（被联合国教科文世界遗产中心收藏）

1999 年　第九届全国美术作品展

1994 年　第八届全国美术作品展

1989 年　作品《石痴米芾》入选"第七届全国美术作品展"，获甘肃美术作品展金奖

秋韵原野系列　45cm×168cm　纸本水墨　2019 年

暮光　300cm × 200cm　绢本水墨　2020 年

贾广健
Jia Guangjian

1964 年生，天津美术学院中国画专业硕士研究生毕业。现任天津美术学院院长，教授、硕士研究生导师。中国美术家协会中国画艺术委员会副主任，中国国家画院艺术委员会委员、研究员，花鸟画研究所名誉所长，中国画学会副会长，中国工笔画学会副会长，天津美术家协会副主席，《中国书画报》总编，天津画院原院长。天津市政协委员，天津市有突出贡献专家，全国“德艺双馨”文艺工作者，中宣部全国“四个一批”文艺名家，享受国务院特殊津贴专家。

2021 年　第十一届全国工笔画作品展

2017 年　澄怀观道——贾广健艺术精品展

2010 年　巨匠·中国当代艺术的十个个案——贾广健作品展

2008 年　改革开放 30 年“新时期中国画之路 1978—2008”中国画作品展
第七届全国工笔画大展

2007 年　中国艺术节·第四届国画画院优秀作品展，作品《冷碧新秋》获优秀作品奖

1999 年　作品《溪塘过雪》入选“第九届全国美术作品展”，获优秀作品奖；并获“新中国成立 50 周年天津市美术作品展”一等奖

1994 年　作品《寒河晴晚》获“第八届全国美展”大奖、“天津市美展”一等奖

1993 年　作品《藕花秋雨》入选“首届全国中国画大展”，获银奖

1992 年　作品《秋籁无声》入选“全国美术作品展”，获银奖

寒塘幽韵
219cm × 170cm
纸本设色
2009 年

冷碧新秋
220cm × 86cm
纸本设色
2007 年

顾迎庆
Gu Yingqing

字逸之。1959 年 9 月生于江苏扬州。1988 年获得浙江美院国画系人物专业本科学位；2000 年就读于中国美院国画系人物专业研究生班；2010 年获得中国美院国画人物专业博士学位。现为中国美院中国画与书法艺术学院教授、博士研究生导师。中国美术家协会会员，中国工笔画学会理事，中国美术家协会连环画艺委会委员，浙江省美术家协会连环画、插图、装帧艺术委员会副主任。出版有《名家名画——顾迎庆重彩人物作品》《顾迎庆——传承经典艺术》《中国画学教学丛书·中国画人物线描——顾迎庆著》等。

2019 年　作品《华采若英》入选“第十三届全国美术作品展”，获浙江省第十四届美展银奖

2014 年　作品《佛性禅心——少林寺立雪亭壁画》入选“第三届全国壁画大展”，获金奖，并入选“第十二届全国美术作品展”

2006 年　心无藩篱——顾迎庆人物绘画展

2004 年　第十届全国美术作品展

2000 年　波士顿 Tao Water Art Galler 顾迎庆作品展

顾迎庆 2000 年人物画作品展

1998 年　顾迎庆梅茵滋个展

1996 年　全国中国人物画展览会

1995 年　顾迎庆个展——何曾粉黛去争妍

1993 年　跫音低回——顾迎庆的远古之梦

华彩落英 1
317cm×127cm
纸本设色
2018 年

华彩落英 2　240cm × 200cm　纸本设色　2019 年

鲁双喜
Lu Shuangxi

1971 年生于河北保定，师承北京画院莫晓松先生。中国美术家协会会员，中国工笔画学会理事，天津美术学院精研与创作高研班导师。2010 年作品《迷失的家园》获中国美术家协会 2010 年全国中国画展优秀奖（最高奖）；2011 年作品《无尽的爱》获中国美术家协会第三届中国（湘潭）齐白石中国画作品展优秀奖（最高奖）；2014 年作品《迷失的家园 3》获中国美术家协会精致立场——全国第二届现代工笔画作品展银奖。

2021 年　中国当代工笔画艺术展
2020 年　翰逸神飞——鲁双喜工笔画品鉴展
2019 年　精微·广大——中国当代工笔名家小幅精品展
2017 年　寂寞工笔——鲁双喜工笔画精品展
　　　　全球 500 强画展——水墨画大展
2014 年　精致立场——全国第二届现代工笔画作品展
2013 年　工·在当代——2013 第九届中国工笔画大展
2012 年　首届公望富春·中国山水画作品展
2011 年　爱慕·时尚丽人——当代中国人物画展
2010 年　全国中国画作品展

花鸟五条屏　130cm × 34cm × 5　纸本设色　2021 年

呼唤
240cm × 120cm
纸本设色
2021 年

潘缨

Pan Ying

1962 年生于北京。1983 年毕业于解放军艺术学院美术系中国画专业，2006 年毕业于中央民族大学中国少数民族艺术专业，获博士学位，1987 年至 2008 年任教于中央民族大学美术学院，2008 年至今任中国艺术研究院中国画院专职画家，国家一级美术师，博士研究生导师，硕士研究生导师，中国美术家协会会员，中国民族美术艺委会委员，中国工笔画学会常务理事，中国重彩画研究会常务理事，中华女子书画会副主席，北京工笔重彩画会副会长，北京女美术家联谊会会长。出版有《潘缨画集》《艺术之维——潘缨》《潘缨重彩画技法》等。作品被中国美术馆、上海美术馆、山东美术馆等机构收藏。

生生不息 3　132cm × 132cm　纸本设色　2020 年

2021 年　第十一届全国工笔画作品展
2019 年　第十三届全国美术作品展
2014 年　第十二届全国美术作品展
2006 年　今日中国美术大展
2005 年　大河上下——新时期中国油画回顾展
2004 年　第十届全国美术作品展
2001 年　百年中国画展
1994 年　第八届全国美术作品展
1989 年　第七届全国美术作品展

生生不息 4　132cm × 132cm　纸本设色　2020 年

王霄
Wang Xiao

1986 年生于山东济南，毕业于中央美术学院版画系，获硕士学位。2012 年至今就职于中国艺术研究院，现为文学艺术院专职画家、北京工笔重彩画会理事、中国美术家协会会员、国家二级美术师。作品曾获第十二届全国美术作品展获奖提名、第二十届全国版展中国美术奖提名奖、第七届观澜国际版画双年展荣誉作品奖等。作品收藏于中央美院美术馆、中国版画博物馆、黑龙江省美术馆、浙江省美术馆、江苏省美术馆、今日美术馆、关山月美术馆等。

2021 年　2021 年内地与澳门陶艺、绘画、音乐及戏曲艺术交流展
略带表情的风景——王霄作品展
2020 年　立本崇元——中国工笔画学术邀请展
流动的边界：全球在地的中国当代艺术展
2019 年　第 14 届库里蒂巴国际当代艺术双年展
2018 年　延韵续典——2018 青年工笔画邀请展
2017 年　逸韵高致——当代工笔画名家邀请展
2016 年　人民形象　中国精神——中国艺术研究院艺术创作大展
2014 年　第十二届全国美术作品展进京作品展
在路上——2014 中国青年艺术家作品提名展

坠梦 A　88cm×67cm×2　绢本设色　2017 年

镜鉴－两个世界　80cm × 60cm　绢本设色　2020 年

刘金贵
Liu Jingui

中央美术学院教授、博士生导师，中国工笔画学会副会长，中国美术家协会中国工笔重彩研究会副会长、民族美术艺术委员会委员，中国文学艺术界联合会志愿者协会理事，中国画学会理事。刘金贵教授的画作构图巧妙严谨，笔墨酣畅利落，人物造型憨态可掬，画面典雅中不失灵动，具有较强的艺术感染力，为当今中国画坛学院派中之实力派中年画家。主要代表作《此曲只应天上有》《二十四节气》（中国画）、《陶渊明》《二十六盆花》（连环画）、《三侠五义》《诗经》（插图）等，作品多次参加全国美术作品展览并获奖。出版画册《当代名家线描人物精品：刘金贵》《刘金贵人物画集》等。作品被中国共产党历史展览馆、中国国家博物馆、中国美术馆等机构收藏和陈列。

立夏　50cm × 50cm　绢本设色　2016 年

2021 年　第十一届全国工笔画作品展
2014 年　第十二届全国美术作品展
2010 年　全国首届现代工笔画展
1997 年　97 北京工笔重彩画精品展
1995 年　中日现代水墨画展
1992 年　二十世纪中国——中央美术学院院展
1989 年　全国第一届工笔山水画展
　　　　第七届全国美术作品展
1988 年　当代工笔画学会首届大展

祖国的花朵　190cm × 184cm　纸本设色　2009 年

李戈晔
Li Geye

1976 年生于江苏省苏州市。1999 年毕业于中国美术学院国画专业，获学士学位；2007 年毕业于中央美术学院国画专业，获硕士学位；2018 年毕业于中国艺术研究院国画专业，获博士学位，师从唐勇力先生。现任上海大学上海美术学院教师，研究生导师，中国美术家协会会员。2008 年获第七届全国工笔画大展优秀奖；2004 年获第十届全国美术作品展——上海展优秀奖；2002 年获纪念毛泽东《在延安文艺座谈会上的讲话》发表 60 周年全国美术作品展优秀奖；1998 年获当代中国工笔画大展三等奖。作品被中国美术馆、上海美术馆、上海刘海粟美术馆等机构收藏。

2020 年　第四届“学院经典”全国美术学院中青年教师工笔作品展

2019 年　第十三届全国美术作品展上海选拔展并入选全国美术作品展进京展

第十五届上海青年美术作品展

第十届上海美术大展

2017 年　海上延伸——上海艺术家联合大展

2014 年　“幻彩游象”个展

2012 年　“印迹”个展

2007 年　“漂游”个展

2005 年　“失语”个展

2004 年　“生命河”个展

看海
35cm × 94cm
纸本设色
2018 年

浮生若梦　170cm × 70cm × 3　纸本设色　2019 年

李关关
Li Guanguan

1982 年生于山东，2000 年至 2004 年就读于中央美术学院中国画学院，现生活工作在北京。

2020 年　逐光：李关关个展
2019 年　冬之乐章
马非马：当代艺术邀请展
2018 年　万物生：復言社主题邀请展
2017 年　切入：李关关个展
墨生四象：墨韵波兰克拉科夫艺术展
2016 年　图像：画意——当代工笔画学术邀请展
中国当代水墨年鉴
2013 年　关驹：李关关个展
2012 年　以梦为马：李关关个展

二分之一 旖旎 No.4　88cm×114cm　绢本设色　2020 年

二分之一 旖旎 No.8　63cm × 150cm　绢本设色　2020 年

吴荣光
Wu Rongguang

湖南省湘西花垣县人，1963 年 4 月 23 日出生，苗族。1985 年毕业于湖南师范大学美术学院，留校任教至今。副教授、硕士研究生导师，中国美术家协会会员，中国工笔画学会常务理事，湖南省美术家协会主席团成员，湖南省工笔画学会第一届理事会会长，第二届理事会荣誉会长。

2021 年 第十一届全国工笔画作品展
中国美术馆典藏活化系列展：中国美术馆典藏历代工笔画展

2019 年 精微·广大——中国当代工笔画名家小幅精品全国巡展

2016 年 盛世气象——2016 厦门全国工笔画双年展

2008 年 艺术湖南——湖南美术作品进京展

1998 年 无感觉——中国当代艺术邀请展

1992 年 作品《天葬》入选“广州·首届 90 年代艺术双年展”，获奖提名

1990 年 湖南当代艺术十人展

1985 年 前进中的中国青年：全国青年美术作品展

1984 年 作品《晨》入选“第六届全国美术作品展”，获铜奖（中国美术馆收藏）

花逝
185cm × 122cm
绢本设色
2019 年

天籁　180cm×120cm　绢本设色　2020 年

张见

Zhang Jian

1972年生于上海。1995年毕业于南京艺术学院美术系中国画专业，获学士学位。1999年毕业于南京艺术学院美术系中国画专业，获硕士学位。2008年毕业于中国艺术研究院，获博士学位。曾任上海大学美术学院国画系副主任，中国艺术研究院中国画院副院长。现任中国艺术研究院工笔画院院长，中国工笔画学会副会长，国家一级美术师，硕士、博士研究生导师。作品获第十二届全国美术作品展获奖提名、第十届全国美术作品展优秀作品奖、第二届中国人物画展铜奖。作品被中国美术馆、国家大剧院、中国艺术研究院等众多国内外艺术机构收藏。

2021年　第十一届全国工笔画作品展

2020年　传统的复活——中国当代艺术的另一条线索

和动力——首届济南国际双年展

2019年　味无味——冲淡之品于当代水墨的七种可能

庆祝中华人民共和国成立70周年美术作品展

2018年　2018中国当代水墨年鉴三周年特展

融拓——沈阳当代艺术邀请展

2017年　见微集——张见作品展

束素——张见作品展

2016年　藏春册——张见的丝语艺术展

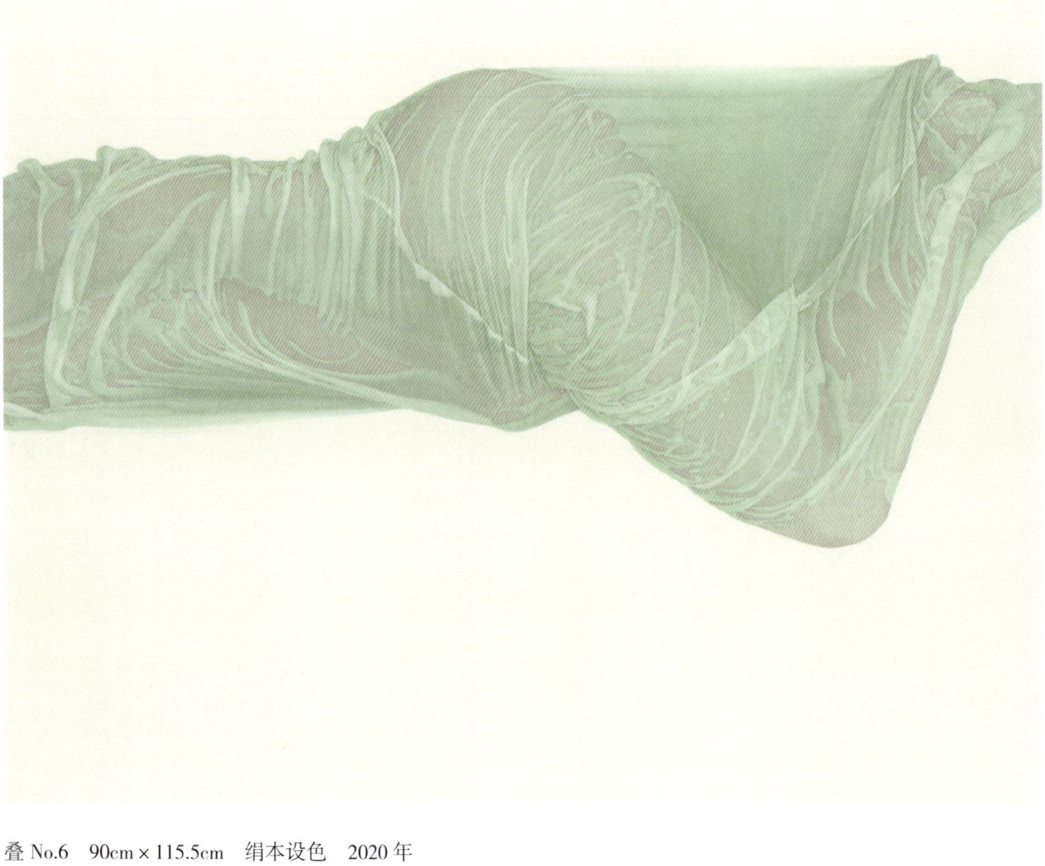

叠No.6　90cm×115.5cm　绢本设色　2020年

叠 No.5　117cm × 89.5cm　绢本设色　2021 年

张天幕
Zhang Tianmu

1971 年生于吉林。先后就读于国立华侨大学艺术系中国画专业，中央美术学院壁画助教进修班。现工作生活于北京、深圳。

2020 年　工・在当代——中国工笔画学术邀请展
　　　　还会与你相见——东京画廊 +BTAP70 周年特展
　　　　装可爱是一种毒药——张天幕作品展
2018 年　后传统的告白——当代水墨作品邀请展
2016 年　工・在当代——2016 第十届中国工笔画大展
　　　　变革中的水墨艺术
2015 年　暗园尽头——张天幕作品展
2014 年　不自知——张天幕作品展
2013 年　自游——张天幕作品展
2012 年　幻游记——张天幕作品展

玫瑰狐狸海螺男孩　42cm × 49cm　纸本设色　2021 年

我承认我是雅典娜肩上的猫头鹰　106cm × 231cm　纸本设色　2018 年

张伟民
Zhang Weimin

1955年生于浙江杭州，毕业于中国美术学院中国画专业，获学士、硕士学位，就职于浙江画院。现任中国工笔画学会常务理事、山水、花鸟画艺委会副会长，北京工笔重彩画会副会长。

2021年　作品《云栖烟霞》《惊秋》入选“第十一届全国工笔画作品展”

2009年　作品《春之潜流》入选“第十一全国美术作品展”
　　作品《春之潜流》入选“第十二届浙江省美术作品展”，获银奖

1995年　创作作品《乱红飞过秋千去》，该作品后入选“浙江省花鸟画展”，获金奖

1994年　创作作品《怀春》，该作品后入选“首届中国画展”

1984年　作品《清质澄晖》入选“第六届全国美术作品展”，获优秀奖，并获“杭州市美术作品展”一等奖

乱红飞过秋千去　173cm×195cm　纸本设色　1995年

怀春　95cm × 107cm　纸本设色　1994 年

苗瀚文
Miao Hanwen

1985年生于湖北。先后毕业于湖北美术学院中国画系、英国北安普顿大学艺术学院、武汉理工大学艺术与设计学院，分别获文学学士学位、文学硕士学位、艺术学博士学位。现任深圳市公共文化艺术创作中心（深圳画院）专职画家，中国美术家协会会员，深圳市工笔画学会副秘书长。作品多次入选全国性美术作品展，获第十一届湖北省美术作品展银奖、第十二届湖北省美术作品展银奖，并入选第十一届全国美术作品展、第十二届全国美术作品展。入选第十一届全国工笔画作品展，获入会资格奖。作品被广东美术馆、深圳关山月美术馆、深圳画院美术馆等机构收藏。

2021年　第十一届全国工笔画作品展
2020年　美好生活——广东省美术作品展
2019年　第十届深圳国际水墨双年展
2018年　大潮起珠江——庆祝改革开放40周年全国美术作品展
2016年　第九届深圳国际水墨双年展
2014年　第十二届全国美术作品展
2009年　第十一届全国美术作品展

风景这边独好　55cm×90cm　纸本设色　2020年

三十而立　170cm × 150cm　纸本设色　2019–2020 年

林于思
Lin Yusi

1978 年生于广东惠来。毕业于广州美术学院，获学士学位。现为广州画院专职画家，中国美术家协会会员。2018 年水墨作品《天冷了就戴个虎皮帽》获卢浮宫卡鲁塞勒 2017 美术沙龙银奖；2015 年获南方报业传媒集团《289 艺术风尚》“2015 年度新锐艺术家”。作品被广东美术馆、广东画院、匈牙利综合文化研究基金会等机构收藏。

2021 年 思想与践行：新中国广东美术叙事（1949-2021）——广东美术馆藏品专题展
新锦灰堆——当代绘画的新感知
2020 年 臆象——粤港澳大湾区当代水墨艺术谱系 2000—2020
还会与你相见——东京画廊 +BTAP 70 周年特展
象外之象——新朦胧主义专题展
客从何处来——2020 宝龙当代中国画展
2019 年 关山月美术馆青年工笔画展“青春心印·空间项目”之“林于思｜心经幻变”
2018 年 人间烟火
2017 年 七号空间——广东美术馆青年学术提名展·第一回“夜奔——林于思白描作品展”

过蓝山
145cm × 370cm
纸本设色
2021 年

二仙图　96cm × 146cm　纸本设色　2019 年

杭春晖
Hang Chunhui

字睦然。1976 年出生，安徽当涂人。2005 年毕业于中央美术学院，获硕士学位。2011 年毕业于中国艺术研究院，获博士学位。2009 年获中国第二届小幅工笔画丹青奖；2015 年获得第五届丹麦“J. C. 雅各布森肖像奖”国际评审奖；2018 年获“中国艺术权力榜”年度艺术成长奖。著有《中国新锐艺术家——杭春晖》《新工笔文献丛书——杭春晖》《绘事物语》等，作品被关山月美术馆、广东美术馆、四川美术学院美术馆、成都现代艺术馆等机构及私人收藏。

2020 年　本之末——杭春晖的艺术实验
2019 年　不确定的修饰——杭春晖个展
2018 年　齐物——杭春晖个展
2017 年　不分明——杭春晖 2017
2016 年　绘事物语——日常：杭春晖个展
2015 年　绘事物语——杭春晖
　　　　　杭春晖同名个展

空间叙事
301cm × 106.5cm
综合材料
2019 年

确定与不确定的再现　204cm × 154cm　综合材料　2019 年

金沙
Jin Sha

1968 年生于北京。1992 年毕业于中央美术学院中国画系。现为北京工笔重彩画会副会长兼秘书长，中国工笔画学会常务理事，中国艺术研究院工笔画院特聘研究员，安徽大学艺术学院特聘教授、硕士研究生导师。

2021 年　第十一届全国工笔画作品展
2020 年　工·在当代：中国工笔画学术邀请展
2019 年　精微·广大——中国当代工笔画名家小幅精品展
2018 年　THE MESSAGE：金沙个展
MASTERING IIIUSIONS：金沙个展
2017 年　眩惑：CHARMING CONFUSION
2016 年　工·在当代——2016 第十届中国工笔画大展
2015 年　第三届意大利·中国当代艺术双年展
2014 年　向大师致敬：金沙个展

韦登之约 2021
28cm × 18cm
绢本设色
2021 年

再见·大卫：路在何方 2020　75cm×47cm　绢本设色　2020 年

祝铮鸣

Zhu Zhengming

当代艺术家。1979 年 10 月生于浙江，先后就读中国美术学院附中、中央美术学院国画系本科、中央美术学院壁画系研究生。现居北京。2000 年，作品《涅槃之卵》获“诺基亚‘想象力的乐园’亚太区”优秀奖；2009 年，作品《云端》获“第二届‘微观与精致’工笔重彩小幅作品展”金奖；2011 年，作品《百年孤独系列》获“第四届全国青年美术作品展”优秀奖（最高奖）；2011 年，作品《百年孤独系列》获“学院工笔”第二届全国青年工笔画新锐艺术奖（最高奖），2018 年，获艺术市场价值榜“年度新锐艺术家”奖。出版有《印度拂尘》（2014 年，江西美术出版社）、《寻隐》（2016 年，中国美术学院出版社）。

2021 年 和其光——千禧之后的中国当代水墨
迁想妙得——2021 顾恺之艺术精神中国画邀请展

2020 年 “档案：逐渐形成的闭环”2020 中国当代水墨年鉴 5 周年特展
“东方提喻法”蜂巢当代艺术中心主题展

2019 年 香港巴塞尔艺术展

2018 年 空行——祝铮鸣个展
后传统的告白——当代水墨作品邀请展国

2017 年 水墨中国·叙事中国——香港回归 20 周年艺术展
中国当代水墨年鉴展 2016—2017

2014 年 印度拂尘——祝铮鸣作品展

赤梦
123cm × 59cm
绢本设色
2021 年

瑞隐　152cm×97.5cm　绢本设色　2020 年

贺翔
He Xiang

1991年生于湖南。2016年毕业于广州美术学院美术教育学院美术学专业，获硕士学位。现为深圳市工笔画学会秘书长，深圳市青年美术家协会理事，中国工笔画学会会员，深圳市美术家协会会员。就职于深圳市关山月美术馆。作品《它们》系列获第十三届广东省艺术家优秀美术作品展银奖，获“四季英华——青年工笔画家艺术展”一等奖。作品被深圳市关山月美术馆、广州画院等机构收藏。

2021年　2021粤港澳大湾区美术书法展
坪水相逢——中国当代工笔画作品展
2020年　四季英华——青年工笔画家艺术展
2019年　青衿计划2019
青青之苗——青苗二期优秀画家汇报作品展
精微·广大——中国当代工笔画名家小幅精品展
2018年　时代新风——当代中国画大展
青春心印——第五届关山月美术馆青年工笔画展
2017年　第十三届广东省艺术家优秀美术作品展

Rabbit 系列 No.1
60cm×60cm
绢本设色
2018年

Rabbit 系列 No.2　40cm×30cm　绢本设色　2018 年

秦艾
Qin Ai

1973 年生于江苏省南通市。1996 年毕业于南京艺术学院美术系中国画专业，作为新工笔画的杰出代表人物，秦艾的绘画擅长营造空间感，注重对多层空间的渲染，她以东方哲思为根基，用传统工笔画技法表达当下中国人的生命情感。秦艾的绘画作品是东方美学在当代语境下的表达。出版有《新工笔文献丛书——秦艾篇》（2010 年，安徽美术出版社），《靠近我的天涯——秦艾个人作品集》（2012 年，藏新艺术有限公司），《刹那 KSANA：徐弘 & 秦艾》（2015 年，藏新艺术有限公司）。

2021 年　第十一届全国工笔画作品展
2020 年　工・在当代——中国工笔画学术邀请展
　　　　　传统的复活——中国当代艺术的另一条线索
2019 年　沙龙——秦艾
2015 年　刹那 KSANA: 徐弘 & 秦艾
2012 年　个展：靠近我的天涯——巡回展

远尘图　61.5cm × 180cm　纸本水墨　2020 年

一江春水
184cm × 160cm
纸本设色
2022 年

徐累
Xu Lei

1963 年出生于江苏省南通市，1984 年南京艺术学院中国画专业毕业。现工作于中国艺术研究院文学艺术院，硕士研究生导师，中国工笔画学会副会长。曾在中国国家博物馆、苏州博物馆、北京今日美术馆、北京南池子美术馆、Marlborough 画廊（纽约 / 马德里）以及旧金山、伦敦、香港等地的画廊举办个展。其作品为故宫博物院、上海美术馆、江苏省美术馆、苏州博物馆、香港 M+ 艺术博物馆等机构公私收藏。

2022 年　第 59 届威尼斯国际艺术双年展
2021 年　兴会：徐累个展
2019 年　彼岸：徐累近作展
2018 年　互 · 徐累个展
2016 年　中国艺术研究院著名艺术家系列精品展——徐累精品展
　　　　徐累新作展
2015 年　赋格 · 徐累个展
2013 年　世界的壳——徐累个展
2011 年　“法国五月”文化展：镜中月——徐累个展
　　　　徐累个展

卷起千堆雪　65.5cm × 112cm　纸本设色　2020 年

石上浪　99cm×156cm　绢本设色　2019 年

徐华翎
Xu Hualing

1975年生于黑龙江哈尔滨。毕业于中央美术学院国画系，获博士学位。现为中央美术学院中国画学院教授、博士生导师，中国工笔画学会青年艺术委员会副主任。

2021年　第十一届全国工笔画作品展
2011年　“视觉中国”亚洲行——中国新水墨东京特展
2008年　个展“徐华翎——侠女”
2007年　个展“依然美丽”
2004年　作品《蜻蜓》入选“第十届全国美术作品展”，并被浙江省美术馆收藏
2003年　作品《香No.8》入选“黎昌杯——首届全国青年国画年展”，获金奖，中国美术馆（收藏）
　　作品《香No.5》入选“中央美术学院首届“学院之光”展览”，获学术创新奖
2002年　作品《西藏组画》入选“全国第五届工笔画大展”

鸟鸣涧
204cm×110cm
绢本设色
2018年

窗外 1　150cm × 97cm　绢本设色　2018 年

栾剑
Luan Jian

1972 年生于江苏淮安，毕业于江南大学，获硕士学位，江苏省美术馆副馆长，国家一级美术师。中国工笔画学会副秘书长、青年艺术委员会副主任，（全国）中国画学会理事，中国美术家协会会员，中国美术家协会重彩画研究会会员，江苏省美术家协会理事。7 幅作品入选第 12 届全国美术作品展，5 幅作品入选第 13 届全国美术作品展，分别入选第 11、12 届中国艺术节全国优秀美术作品展，入选第五、六、七届全国画院作品展；第三届全国工笔山水画展金奖等国家级展览获奖、入展 40 余次。参加第九、十、十一届全国工笔画大展，入选“新中国美术家系列”江苏省 15 名家晋京展。入选国家艺术基金美术项目。多幅作品被中国美术馆、江苏省美术馆、江苏省现代美术馆等收藏。

2021 年　第十一届全国工笔画作品展

2019 年　第十三届全国美术作品展览中国画展
第十三届全国美术作品展览壁画展
第十三届全国美术作品展览综合材料画展
第十二届中国艺术节全国优秀美术作品展
第六届全国画院作品展

2016 年　第十届全国工笔画作品展

2014 年　第十二届全国美术作品展览中国画展
第十二届全国美术作品展览壁画展
第十二届全国美术作品展览插图展

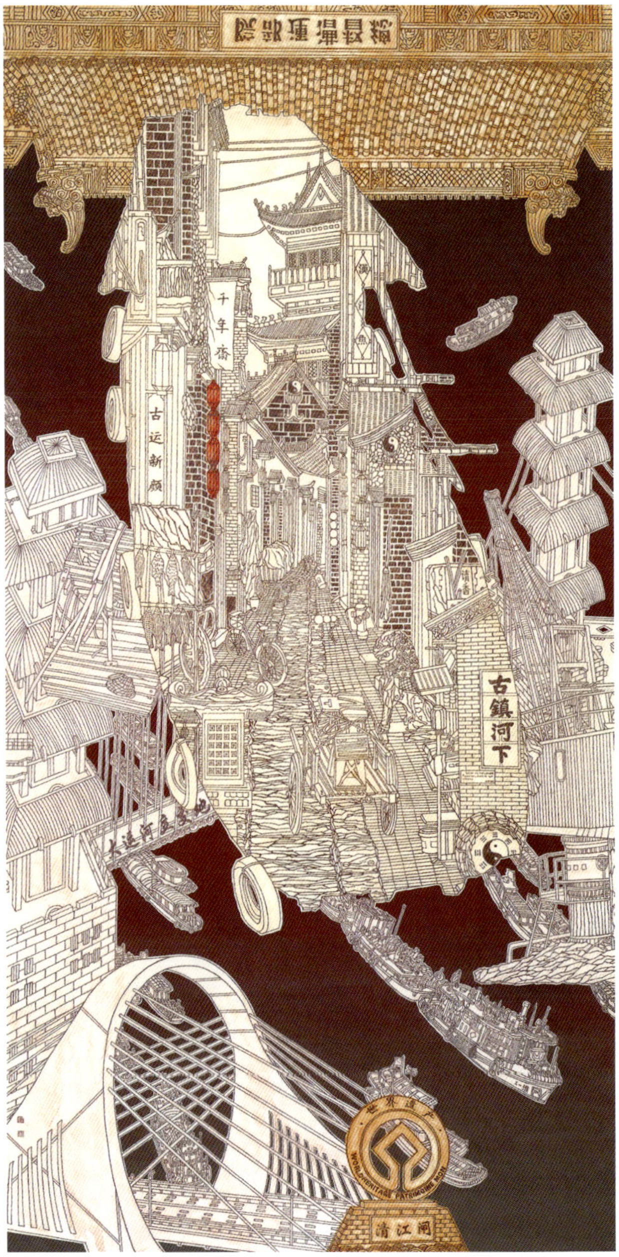

古运新颜
200cm × 100cm
纸本设色
2021 年

红色记忆　230cm × 194cm　纸本设色　2021 年

高茜

Gao Qian

1973 年生于江苏南京。1995 年毕业于南京艺术学院美术系中国画专业，获学士学位。1998 年毕业于南京艺术学院美术系中国画专业，获硕士学位。1999 年至 2013 年，就职于上海美术馆。2016 年毕业于中国艺术研究院美术学专业，获博士学位。现为中国艺术研究院文学艺术院专职画家，国家一级美术师，硕士研究生导师。作品曾获得第十届全国美术作品展优秀作品奖、新中国成立 55 周年上海美术作品展艺术奖、上海青年美术大展三等奖等奖项。作品被中国艺术研究院、上海美术馆、上海当代艺术馆、南京艺术学院、湖北美术学院等众多艺术机构收藏。

2021 年　第十一届全国工笔画作品展

2020 年　MoCA 动漫美学双年展 Snoopy70 周年展览

2019 年　蔓延——高茜许静作品展

白霓裳——高茜作品展

直到长出青苔——女性水墨艺术家邀请展

味无味——冲淡之品于当代水墨的七种可能

2018 年　和风屏山——第五届中国画双年展

2017 年　花笺记——高茜作品展

机纾——当代艺术展

2016 年　工·在当代——2016 第十届中国工笔画大展

穆穆鸾凤图　63cm × 173cm　纸本设色　2021 年

花间
240cm × 76.5cm
纸本设色
2020 年

郭华卫
Guo Huawei

1983 年生于山东省文登市。2007 年毕业于中央美术学院中国画学院山水专业，获文学学士学位。现为中国美术家协会会员，中国工笔画学会副秘书长，常务理事，青年艺委会委员，清华大学美术学院书画高研班祁恩进青绿山水创作专项研修班助教，中国人民大学画院祁恩进工作室中国山水画课题研修班助教。作品《云深不知处》获全国第三届工笔山水画展银奖；作品《溪山访隐》获泰山之尊全国中国画作品展优秀作品奖（最高奖）；作品《松泉夏山——寻隐者不遇》获第九届中国工笔画大展优秀作品奖。

2021 年　第十一届全国工笔画作品展
　　　　第二届“景・色——中国当代青绿山水画学术邀请展”
2019 年　景・色——中国当代青绿山水画学术邀请展
2018 年　悲鸿 young 艺术家推广项目启动展
2017 年　不忘初心　砥砺前行——贯彻党的十九大精神暨庆祝中国工笔画学会成立 30 周年名家学术邀请展
2016 年　庆祝中国共产党成立 95 周年——中道自然：当代中国画名家上海邀请展
2015 年　丹青文脉——中国工笔画学会传承展
2014 年　第二届全国现代工笔画大展
2011 年　全国第八届工笔画大展暨中国新农村建设成就画展

云深不知处 1　200cm×300cm　纸本设色　2021 年

云深不知处 2　136cm × 153cm　纸本设色　2021 年

唐秀玲
Tang Xiuling

1956 年生于山东淄博。1983 年毕业于山东师范大学美术专业，获学士学位。现为中国国家画院研究员、国家画院重彩绘画工作室导师，中国工笔画学会专家委员会委员、常务理事，中国美术家协会重彩画研究会副会长。9 件作品曾连续七届入选由文化部、中国文学艺术界联合会、中国美术家协会主办的第七届至第十三届全国美术作品展，并多次入选其他多项全国大展。曾获“第十届全国美术作品展”银奖、“第十一届、十二届全国美术作品展”获奖提名等。5 件作品被中国美术馆收藏。

2021 年　第十一届全国工笔画大展
2019 年　第十三届全国美术作品展漆画展
2014 年　第十二届全国美术作品展中国画展
作品《当风轻轻吹起》入选“第十二届全国美术作品展漆画展”，获奖提名
2013 年　工・在当代——2013 第九届中国工笔画大展
2009 年　第十一届全国美术作品展中国画展，获奖提名
2004 年　作品《走过四季》入选“第十届全国美术作品展中国画展”，获银奖
1999 年　第九届全国美术作品展中国画展
1994 年　第八届全国美术作品展中国画展
1989 年　第七届全国美术作品展版画展

余香　49cm×70cm　绢本设色　2010 年

茗香　49cm × 70cm　绢本设色　2010 年

涂少辉
Tu Shaohui

1977年生于新疆，毕业于中央美术学院花鸟画专业，获硕士学位。现任教于山东师范大学美术学院，副教授，硕士生导师，中国艺术研究院工笔画院外聘研究员。获第四届全国青年美术作品展优秀奖，全国中国画展优秀奖、第九、第十届全国工笔画展学术提名，入选第十一、十二、十三届全国美术作品展等。作品被中国美术馆、深圳关山月美术馆、宁波美术馆等机构收藏。

2021年　美在科技——中国美术馆馆藏作品展
　　　　百年风华——全国花鸟画名家作品展
　　　　自然的双重性——第二届西安山水画邀请展
　　　　飞鸟相与还——涂少辉个人作品展
2019年　第十三届全国美术作品展综合材料作品展
2016年　工·在当代——2016第十届中国工笔画大展
2015年　在路上——中国青年艺术家作品提名展
2014年　似是——涂少辉个人作品展
2012年　第五届北京国际美术作品双年展
2008年　学院工笔——首届全国青年工笔画新锐奖

历像星辰——日食　80cm×160cm　绢本综合材料　2020年

历像星辰——月相　80cm × 160cm　绢本综合材料　2019 年

黄俊伟

Huang Junwei

1989年出生于福建，毕业于四川美术学院。黄俊伟的作品为了精准表达疏离、孤寂、空灵的情绪，他调用了各种媒介和手段，在意识的流动中结构和转化画面的形象。作品中的日与月，山与海、太湖石、拱形门等，都是特定的语言符号，通过经营位置，构建具有秩序感的形式之美，画面上呈现的多层次的透视效果，让观者可以进入一个多维变换的时空。黄俊伟对场域和空间的精准控制，使得画面既有丰润细腻的气韵，也有韧性坚定的风骨，将“温和”与“刚毅”两种气质毫不违和地糅在一起。

2021年　清风与归｜黄俊伟作品展
现代的脉动——宝龙艺术大展
“青·春”全国青年艺术家提名作品展

2020年　与历史同行：四川美术学院建校80周年展（1940—2020）
客从何处来——2020宝龙当代中国画展

2019年　清风与归｜黄俊伟
第十三届全国美术作品展览综合材料绘画作品展
第二届宝龙艺术大奖

2018年　重庆市首届综合材料绘画作品展

2017年　第二届全国（宁波）综合材料绘画双年展

四景图组画·丛林｜东海｜西原｜雪域　100cm×70cm×4　绢本综合材料　2021年

守山记　80cm × 200cm　绢本综合材料　2019 年

崔进

Cui Jin

1966 年生于江苏东台，毕业于南京艺术学院中国画专业，获硕士学位。现任中国艺术研究院国画院常务副院长，中国国家画院研究员，中国工笔画学会理事，国家一级美术师，中国美术家协会会员。作品曾获“第八届全国美术展览”最高奖，“全国中国画人物画展”铜奖，“首届中国重彩画大展”学术奖等，作品被中国美术馆、江苏美术馆、深圳美术馆等收藏。

2021 年　守正创新·创作研究成果展
全国工笔画学术邀请展
国泰民安——庆祝建党百年百福人物画作品邀请展
第十一届全国工笔画作品展

2020 年　沁——自传统精神创生的“向水性”探索展

2019 年　精微·广大——中国当代工笔画名家小幅精品展
第六届全国画院美术作品展
大道通融——亚洲艺术作品展
中国写意——来自中国美术馆的艺术
第二届·黄宾虹学术提名展

隐匿
116cm × 71cm
纸本设色
2021 年

游戏　110cm×137cm　纸本设色　2020年

崔景哲

Cui Jingzhe

满族，民盟盟员，国家一级美术师。中国美术家协会理事、中国工笔画学会常务理事、河北美术学院常务副院长，2018 年 1 月国际奥林匹克博物馆收藏《中国红系列》，国际奥委会主席巴赫颁发奖状证书。2018 年 9 月于巴黎获得全球公益联盟文化与艺术骑士金质勋章，2018 年 10 月获得嘎纳国际艺术展最高奖评委奖．设计 2016-2018 年《月圆中秋》系列特种邮票。出版发行《中国工笔人物画技法》《中国红系列工笔画》《工笔仕女画临摹范本》等工笔画教学丛书 30 余部。

2021 年　丹青未央——2021 首届中国工笔画学会青年艺委会学术邀请展
知行墨境——当代中国画名家邀请展
空谷藏峰——中国画名家学术邀请展

2017 年　作品《中国红系列》入选“摩纳哥国际艺术展”

2016 年　作品《中国红系列》入选“巴塞尔迈阿密国际艺术展”，获红点奖

2015 年　作品《中国红》《唐人儿》入选“欧洲艺术沙龙”

中国红系列一　80cm × 120cm　绢本设色　2011 年

中国红系列二　118cm×118cm　绢本设色　2011 年

梁文博
Liang Wenbo

1956年生于山东省烟台市。1983年毕业于山东艺术学院美术系，并留校任教。中国美术家协会会员、山东省美协中国画人物画艺术委员会主任，山东省政协书画院副院长、第九届至第十一届山东省政协常委、山东艺术学院教授、硕士研究生导师，曾任山东省美术家协会副主席。1997年获“中国画坛百位杰出画家”称号，作品曾连续八次入选第六届至第十三届全国美术作品展，并多次获奖，多件作品被中国美术馆收藏。出版有《当代中国精品集——梁文博》《百杰画家梁文博作品精选》等多种画册。

2019年 第十三届全国美术作品展

2014年 第十二届全国美术作品展

2009年 作品《田野》入选“第十一届全国美术作品展”，获奖提名

2004年 作品《兰盈盈的天》入选“第十届全国美术作品展”，获山东省画展一等奖

2002年 第三届深圳国际水墨双年展

2000年 “中华世纪之光”中国画提名展

第二届深圳国际水墨双年展

1998年 第一届深圳国际水墨双年展

1994年 作品《秋漫沙坡头》入选“第八届全国美术作品展”，获优秀奖

1984年 作品《冬往春来》入选“第六届全国美术作品展”，获优秀奖

旷野
140cm × 140cm
纸本设色
2007年

康定情歌　140cm×140cm　纸本设色　2007 年

彭薇

Peng Wei

生于成都，现居北京，南开大学哲学硕士。彭薇凭借扎实的传统功底、中国水墨的表现手段和独特的眼光，将古代艺术资源与现在连接，并与西方资源对话，寻求过去与当下的平衡。其作品涉及平面绘画、三维装置、录像、照片等多种形式，成为中国当代艺术中以水墨为材质进行创作的代表。先后在中国台北历史博物馆、苏州博物馆、广东美术馆等举办个展，2014 年“遥远的信件”系列入选新加坡美术馆“亚太地区当代杰出艺术家奖”。作品被美国克利夫兰美术馆、波斯顿美术馆、旧金山亚洲艺术博物馆等机构收藏。

2022 年　出走！中国当代艺术中的女性身份

2021 年　平沙落雁——音乐的诗意与力量

2020 年　绵延：变动中的中国艺术

MORE MORE MORE

第五届金鸡湖双年展·物自在——文明互融下的新艺术

彭薇：女性空间

2019 年　故事新编——彭薇个展

画屏：关于展览的展览

2017 年　记忆与当代——第 57 届意大利威尼斯艺术双年展平行展

我们都需要故事－塔 8　70cm × 138cm　纸本设色　2021 年

我们都需要故事－塔 9
138cm × 70cm
纸本设色
2021 年

喻慧
Yu Hui

1960年生于南京，毕业于江苏省国画院，国家一级美术师，原江苏省国画院副院长，现任中国工笔画学会副会长，中国国家画院研究员。作品入选第八届、第十届、第十一届、第十二届全国美术作品展并获银奖，入选第九届、第十届、第十二届全国艺术节作品展，入选第二届、第三届、第四届、第七届、第九届、第十届、第十一届中国工笔画大展并获奖。作品被中国美术馆（《掠影》）、浙江省美术馆（《春色惊恐》）、江苏省美术馆（《风中》）等机构收藏。

2019年 第四届江苏文华美术奖·江苏省优秀美术作品展

2017年 美术峰荟——江苏省优秀美术家系列展之“天地悠悠云来去·喻慧作品展”

2015年 时空·流痕——喻慧作品展

傅抱石双年展·2015江苏中国画优秀作品展

2014年 时空·流痕——喻慧作品展

第十二届全国美术作品展览

2012年 长卷视界——杭州第二届中国画双年展

2011年 第五届成都双年展——“溪山清远”当代艺术展

2009年 中国百家金陵画展

2008年 2008·第三届中国北京国际美术双年展

院子里的花
39cm×47cm
纸本设色
2020年

春暖花开　200cm × 200cm　纸本设色　2019 年

焦洋

Jiao Yang

现任中央美术学院中国画学院副教授、硕士研究生导师，中国国家画院青年画院画家。作品获第二届“中央美术学院靳尚谊青年教师创作奖”；第四届中国北京国际美术双年展“中国青年艺术家作品奖”；第四届全国青年美术作品展优秀奖；第五届全国青年美术作品展优秀奖；第十一届亚洲艺术节银奖。作品被中国国家博物馆、中国美术馆、中央美术学院美术馆等机构收藏。

2021 年　不忘初心 牢记使命——庆祝中国共产党成立 100 周年美术作品展
第十一届全国工笔画作品展
百年征程 精神图谱——庆祝中国共产党成立 100 周年专题展

2019 年　庆祝中华人民共和国成立 70 周年——第十三届全国美术作品展览暨第三届中国美术奖、进京作品展

2016 年　工·在当代——2016 第十届中国工笔画大展
中华史诗美术大展《中华文明历史题材美术创作工程展》

2015 年　第五届全国青年美术作品展

2013 年　“中华文明历史题材美术创作工程”草图观摩展
工·在当代——2013 第九届中国工笔画大展

2011 年　第四届全国青年美术作品展

宝钢建设　323cm × 555cm　纸本设色　2021 年

丝路史迹·朝宗入海　185cm×181cm　纸本设色　2019 年

曾健勇
Zeng Jianyong

1971 年生于广东澄海。1994 年毕业于国立华侨大学艺术系中国画专业，1995 年结业于中央美术学院版画助教进修班。获 2014 年“金艺术”新锐艺术家奖、2018 年艺术市场价值榜年度艺术家奖。作品被关山月美术馆、浙江美术馆、宝龙美术馆等收藏。

2021 年 寻远纪——曾健勇个展
窗，中国园林的眼睛

2020 年 山海新经——中华神话元典当代艺术展
水墨天——2020 中国水墨年鉴展

2019 年 春生夏长——中国当代水墨艺术邀请展

2018 年 体用一源：面向未来的水墨艺术——2018・中国当代水墨年鉴三周年特展
折山图 II：扫描・山水——关于山水问题的当代艺术现场
开放源——2018 首届深圳艺术双年展

2017 年 雕塑 40 年・第一回展（2008—2017）
2016 中国当代艺术年鉴展

别处
165cm × 540cm
纸本设色
2020 年

是此刻成为过去的时候了
180cm × 90cm × 4
纸本设色
2020 年

詹佶昂
Zhan Ji' ang

1995 年生于北京。2012 年考入中央美院附中，2016 年保送入中央美院中国画学院攻读学士学位，2020 年保送入中央美术学院中国画学院攻读硕士学位。工笔人物专业，师从张猛、徐华翎、刘金贵、金瑞，焦洋、王冠军等。中央美术学院 2020 年优秀毕业生，北京市级优秀毕业生。获中央美术学院 2020 年本科毕业创作一等奖、中央美术学院李尚大奖学金一等奖、2020《繁星计划》组委会特别奖（一等奖）等奖项。作品被中央美术学院美术馆、北京树美术馆、SIMIAN COLLECTION 等机构和个人收藏。

2022 年　第二届全国大学生美术作品展

2021 年　潮级玩家——潮流艺术大展
　　　　青春新动力——来自央美的年轻艺术家
　　　　青春心印——第八届关山月美术馆青年工笔画展
　　　　艺术北京博览会

2020 年　坪水相逢——中国当代工笔画邀请展
　　　　千里之行——全国重点美术高校优秀毕业生作品展
　　　　繁星计划青年艺术家大展

2019 年　我和祖国共成长美术作品展

2018 年　北京青年美术作品双年展

有可能的夜晚　150cm × 200cm　绢本综合材料　2021 年

竹林七贤　240cm × 200cm　绢本综合材料　2020 年

◇ 群展

◇ 个展

年度展览

群展

◇

草木敷荣——当代花鸟画名家邀请展

展览时间：2021.10.16—10.31

展览城市：深圳

展览机构：深圳市关山月美术馆

主办单位：深圳市关山月美术馆
北京画院
广州美术学院中国画学院

◇

青春心印——第八届关山月美术馆青年工笔画展

展览时间：2021.06.05—06.22

展览城市：深圳

展览机构：深圳市关山月美术馆

主办单位：深圳市关山月美术馆 中国工笔画学会

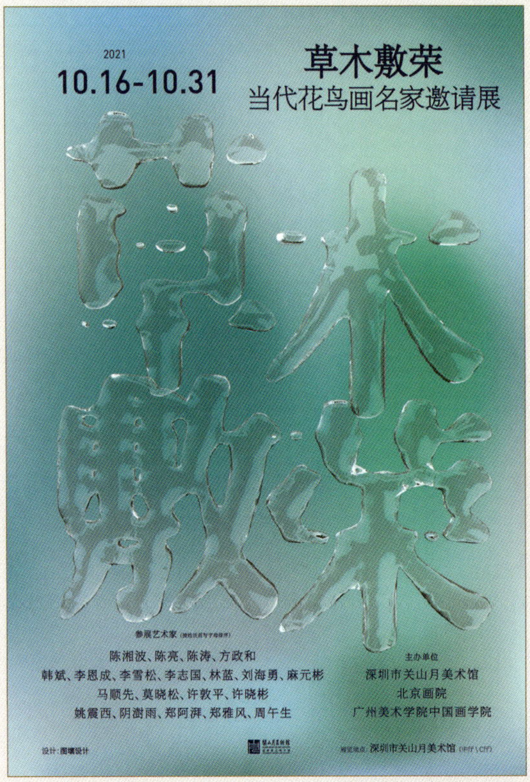

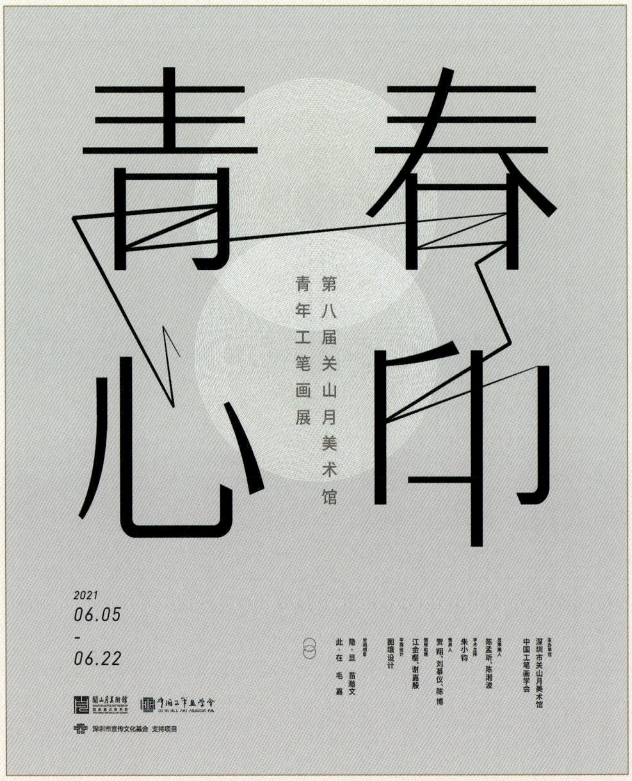

◇

丝路怀古——中国艺术研究院工笔画院历年壁画临摹项目成果展

展览时间：2021.05.11—05.15

展览城市：北京

展览机构：中国艺术研究院（北区）艺术与文献馆

主办单位：中国艺术研究院工笔画院

◇

第十一届全国工笔画作品展

展览时间：2021.04.15—04.25

展览城市：北京

展览机构：中国美术馆

主办单位：中国美术家协会 中国美术馆 中国工笔画学会

中国美术馆典藏活化系列展：中国美术馆典藏历代工笔画展

展览时间：2021.04.15—04.25

展览城市：北京

展览机构：中国美术馆

主办单位：中国美术馆

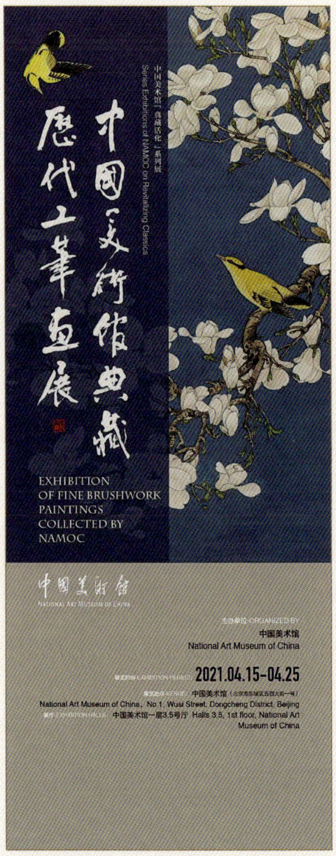

品真格物——第二届全国青年工笔画作品展

展览时间：2021.03.31—05.05

展览城市：天津

展览机构：天津现代美术馆

主办单位：中国美术家协会 中共天津市委宣传部

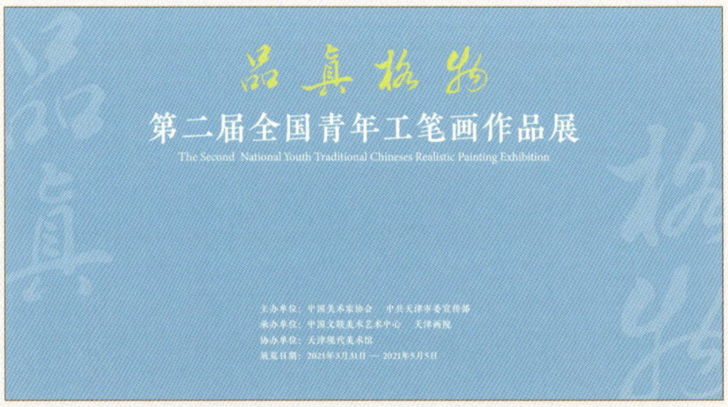

◇

工∞ 2021 人物志——首届中国工笔人物画学术邀请展

展览时间：2021.01.22—03.15

展览城市：淮安

展览机构：淮安市美术馆

主办单位：中国工笔画学会 中共淮安市委宣传部

◇

时代风华——现代工笔画名家邀请展

展览时间：2020.11.17—12.04

展览城市：佛山

展览机构：佛山市南海区文化馆

主办单位：现代工笔画院 佛山市南海区文化广电旅游体育局

丹青雅韵·美丽芜湖——中国工笔画名家邀请展

展览时间：2020.11.13—11.21

展览城市：芜湖

展览机构：芜湖市美术馆（书画院）

主办单位：现代工笔画院 芜湖市美术馆（书画院）芜湖市美术家协会

立本崇元——中国工笔画学术邀请展

展览时间：2020.11.02—11.08

展览城市：北京

展览机构：首都师范大学主楼展厅

主办单位：首都师范大学美育中心 首都师范大学美术学院 北京工笔重彩画会

◇

反观工笔——第三届全国工笔画学术邀请展

展览时间：2020.10.15—11.01

展览城市：东莞

展览机构：华南美术馆

主办单位：东莞市文化广电旅游体育局 东城街道办事处 华南美术馆 岭南画院

◇

复·始——后传统艺术季：“工·在当代”中国工笔画学术邀请展

展览时间：2020.09.20—11.19

展览城市：成都

展览机构：成都市东郊记忆－国际艺术展览中心

主办单位：艺文立方（成都）文化传播有限公司

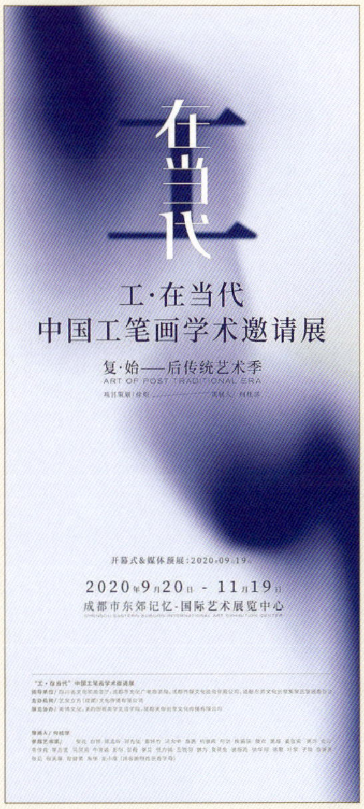

素纨密语——当代工笔女画家作品邀请展

展览时间：2020.09.02—09.08

展览城市：深圳

展览机构：深圳美术馆

主办单位：深圳美术馆

如梦令·初醒——关山月美术馆馆藏青年工笔画家作品展

展览时间：2020.07.17—09.23

览城市：深圳

展览机构：至美术馆

主办单位：至美术馆 何止艺术

◇

四季英华——青年工笔画艺术展

展览时间：2020.07.17—08.09

展览城市：深圳

展览机构：深圳市南山区文化馆

主办单位：深圳市文学艺术界联合会 深圳市慈善会 中共深圳市南山区委宣传部 深圳市美术家协会

◇

青春心印——第七届关山月美术馆青年工笔画展

展览时间：2020.07.18—08.02

展览城市：深圳

展览机构：深圳市关山月美术馆

主办单位：深圳市关山月美术馆 中国工笔画学会

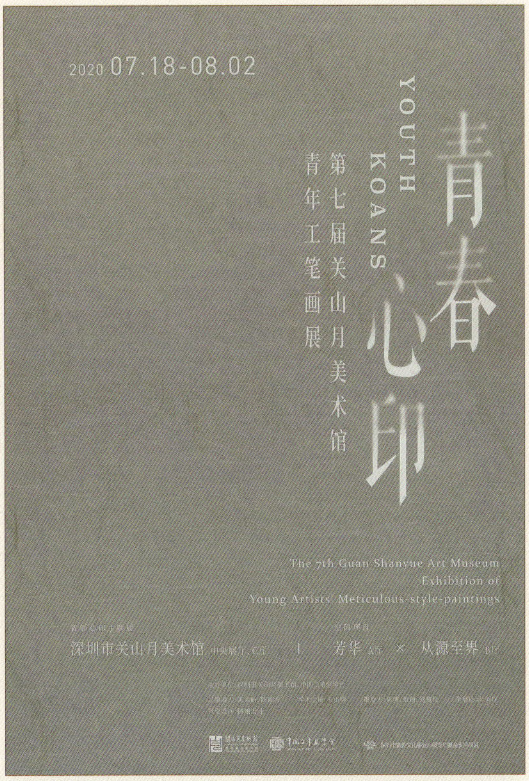

个展

◇

中国美术馆学术邀请系列展：孔雀东南飞——萧玉田工笔画展

展览时间：2021.11.24—12.12

展览城市：北京

展览机构：中国美术馆

主办单位：中国美术馆

◇

吐纳英华——陈湘波作品展

展览时间：2021.11.13—12.05

展览城市：厦门

展览机构：厦门宝龙艺术中心

主办单位：厦门宝龙艺术中心 北京大道融元文化

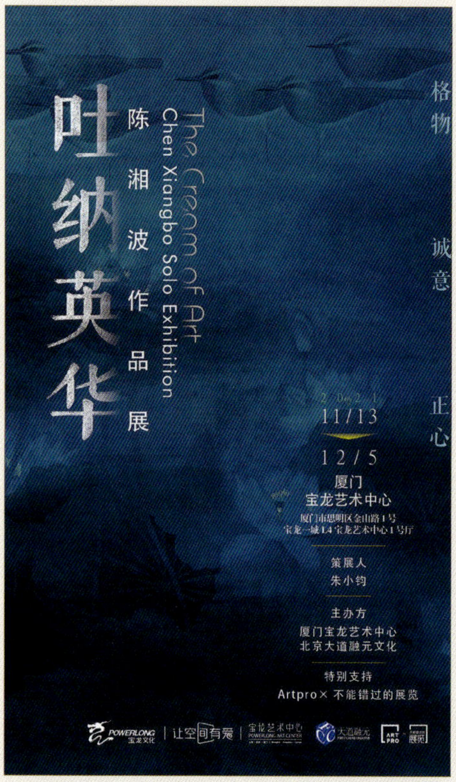

◇

兴会——徐累个展

展览时间：2021.11.02—2022.02.28

展览城市：北京

展览机构：南池子美术馆

主办单位：南池子美术馆

◇

天地生灵——方楚雄的艺术世界

展览时间：2021.09.08—09.21

展览城市：北京

展览机构：中国美术馆

主办单位：中国美术家协会 中国美术馆 中国画学会 广州美术学院

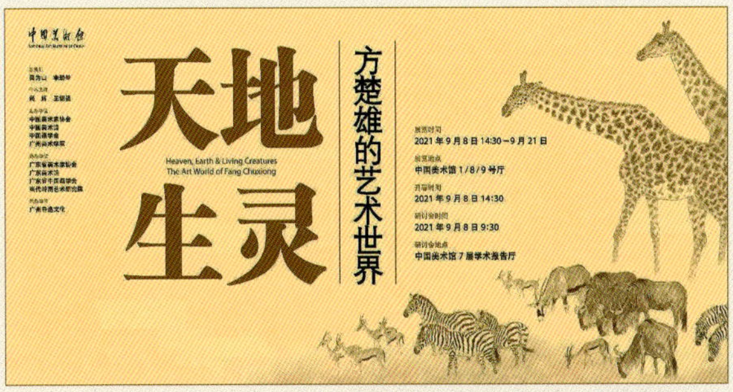

◇

丽日心语——何家英人物绘画作品展

展览时间：2021.05.06—05.31

展览城市：北京

展览机构：中国书店画廊

主办单位：鼎天国际 文同画馆

◇

寻远纪——曾健勇个展

展览时间：2021.03.05—04.05

展览城市：上海

展览机构：上海宝龙美术馆

主办单位：上海宝龙美术馆 宝龙文化发展基金会

◇

中国美术馆学术邀请系列展：景·色——牛克诚山水画作品展

展览时间：2020.12.27—2021.01.10

展览城市：北京

展览机构：中国美术馆

主办单位：全国政协书画室 中国美术馆 中国艺术研究院 中国美术家协会

◇

翰逸神飞——鲁双喜工笔画品鉴展

展览时间：2020.11.29—12.01

展览城市：北京

展览机构：松美术馆

主办单位：河北省工笔画学会

八秩回眸——邹传安书画艺术文献展

展览时间：2020.11.28—12.28

展览城市：长沙

展览机构：长沙美术馆

主办单位：湖南省文化和旅游厅 湖南省文学艺术界联合会 湖南省文史研究馆 湖南省美术家协会 湖南省博物馆 长沙市文化旅游广电局

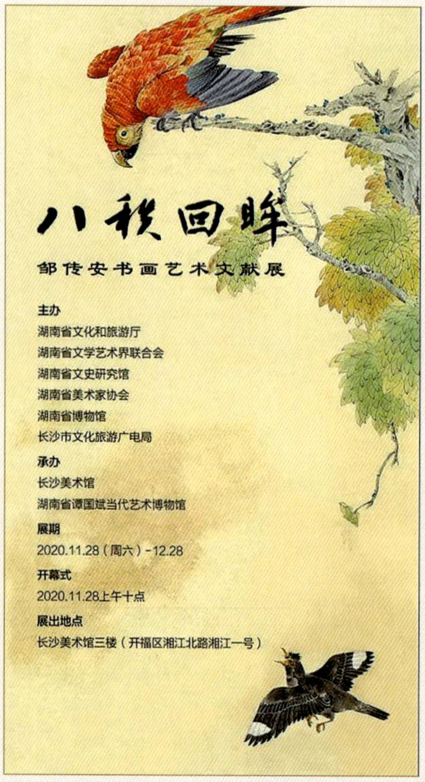

湖海江河——王牧羽作品展

展览时间：2020.11.05—11.11

展览城市：深圳

展览机构：深圳市关山月美术馆

主办单位：深圳市关山月美术馆 中国工笔画学会

陈湘波工笔画精品展：游园·湘波的技与艺

展览时间：2020.09.29—10.30

展览城市：深圳

展览机构：红坊沙龙·深圳

主办单位：红坊沙龙·深圳

本之末——杭春晖的艺术实践

展览时间：2020.08.09—08.23

展览城市：广州

展览机构：广东美术馆

主办单位：广东美术馆

彭薇：女性空间

展览时间：2020.07.08—07.29

展览城市：广州

展览机构：广东美术馆

主办单位：广东美术馆

为水：林若熹个展

展览时间：2020.05.12—06.02

展览城市：广州

展览机构：广东美术馆

主办单位：广东美术馆 广州美术学院 广东省美术家协会

大美精微——陈湘波艺术精品展

展览时间：2020.01.04—03.17

展览城市：深圳

展览机构：至美术馆

主办单位：至美术馆 何止艺术

- 精选学位论文

- 精选期刊论文

年度论文

2021 年度精选学位论文

宋代婴戏图中的儿童形象特征探究

作者：潘祎铭（中国艺术研究院 + 硕士论文）

摘要：绘画作品是一个时代的镜子，它能够反映这一时代人们的观念、习俗、文化遗存，具有历史参考研究价值。本文所研究的“婴戏图”指的是以“描绘孩童嬉戏玩耍”为主要表现内容的人物画作品，它真实还原了宋代儿童的生活状态。在两宋时期由于社会安定、经济繁荣发展、统治者对绘画的痴迷、宋代画院制度兴起等等原因，使婴戏图在这一时期发展到一个新的高峰。因此宋代婴戏图无论从造型表现还是生动性上相比于前代都更加驾轻就熟、游刃有余，画家对人物形象的塑造已经不再是停留在对造型准确程度的把握上，而是向着更生动、更具意象化的造型方向发展。我选择宋代——这一婴戏图发展巅峰时期时间点，来对婴戏图中儿童形象进行研究也就更具有代表性。

论当代工笔人物画的造型意味——在东西方造型观念并行下的审视

作者：张育宁（中国艺术研究院 + 硕士论文）

摘要：本文以在东西方造型观念并行的现代创作背景下，着重于对当代工笔人物画的造型意味进行研究，对“造型意味”作出融合了中西两种取向的解读。在对追求造型意味的审美意识形态上，找寻中国工笔人物画造型观，和西方现代主义绘画造型意识的共同美感规律、形式及精神。举例说明了中国人物画造型对西方现代主义绘画的汲取，行文目的都是为当代工笔人物画的创作实践、造型意识和意味的生成提供思路。在对东西方造型观念的运用上，本人作出对当下的反思和审视。一方面是造型“再创造”的取向和分寸，另一方面是对“学院派”教学，和官方展览中的工笔人物画造型现状的分析。通过对造型意味的研究，深入追问绘画语言的本质问题，并探求新的创作可能。

色彩构成在当代工笔人物画创作中的运用分析

作者：王旭冉（中国艺术研究院 + 硕士论文）

摘要：工笔人物画作为中国的传统画种之一，其色彩表现经过长期的历史积淀已形成一套独立而完整的体系。传统绘画中的“五色体系”“随类赋彩”等都是古人对于绘画中色彩的认识。传统中国画的用色依靠的是固有色之间的对比、墨与色之间的对比，画家们一般是根据自己的观察、想象并结合前人的用色经验对绘画作品进行设色，但对今天的中国画创作来说，这是不够的。当代工笔人物画的艺术创作，不仅需要对中国传统色彩深入研究，还需要对西方的色彩观进行研究，以丰富自己的色彩知识，在中西对照中确立自己独有的绘画色彩观。以西方色彩体系中的色彩构成为基础，合理搭配使用，可以使画面的色彩更加丰富，色域更加宽广，更好地表达作品想要传达的意境。本文以色彩构成为切入点，从色相、明度、纯度三方面分析色彩的搭配，研究当代工笔人物画作品，以理论与实践相结合的研究方式进行深入的了解和学习，总结经验方法，希望能为自己的绘画创作服务。

论金属箔材料在当代工笔重彩画中的运用与创新

作者：荆贵婷（中国艺术研究院 + 硕士论文）

摘要：工笔重彩画是中国特有的绘画形式，有着悠久的历史。随着当代工笔重彩画的形式语言变得更加多元化，材料在工笔重彩画创作中承担着越来越重要的角色，这使得我们必须重新审视材料在绘画中的作用和表现，发掘材料自身的审美和价值，使材料跟随时代审美潮流，在当代作品中呈现出更多契合创作者思想的艺术形态。本文意在梳理金属箔材料的发生发展脉络及其在传统中国画中的运用，从而重点提出壁画中金属箔材料的使用对当代工笔重彩画的启示，比如沥粉贴金、泥金、金线等多种方法的运用。通过研究传统绘画金属箔材料的运用方法，从而拓展到当代工笔重彩画中金属箔的使用；伴随着当代社会生产力水平的提高，金属箔材料自身的类别（金箔、银箔、铜箔等）、绘画载体（皮纸、麻纸、夹宣、还有承载力更强的画布）都丰富起来，这为创作者研究金属箔自身属性拓宽了材料基础。

岩彩在当代工笔画中的运用

作者：常英格（中国艺术研究院 + 硕士论文）

摘要：岩彩拓宽了艺术家的绘画语言与绘画手段，使得绘画将线条、色彩、肌理质感完美融合在一起，增加了当下工笔绘画的写意性和现代性。本文分析了岩彩的绘画语言在当代工笔画中带来了哪些运用，包括“线”的运用、“色彩”的运用、以及“材质肌理”的运用，推崇自然地具有“写意性”的绘画语言，使得绘画更具感染力。岩彩绘画语言融合西方构成和审美取向，使得工笔画中东方意韵的内在生命力不断涌现。在对壁画临摹及传统工笔深入学习的基础上，为了使得画面更加符合现代审美追求，推动岩彩发展，对岩彩作出进一步的研究，有利于探索新的绘画语言，推陈出新，表现时代精神。

内观和外观——当代工笔画创作中创作主体和接受群体的研究

作者：栗玉莹（中国艺术研究院 + 硕士论文）

摘要：当代已经进入了一个图像的时代，我们的视觉受到图像的指引，“观看”成为一种选择行为，不同的观看方式看到不同的世界。观看不只是视觉上看到，还是认识和感知世界的一种重要的方式。本文以“观看”为主线展开，将艺术家的创作活动和观众的接受活动联系在一起。对于艺术家来说，每一幅作品都反映了其独特的观看世界的方式，他们在观看世界的同时，也在创造被观看的图像，而观众作为“观看”的主体，也以“隐含”的方式参与在创作活动的每个环节并反作用于艺术家的创作。鉴于当代工笔画中创作主体和接受主体之间日益突出的双向互动关系，文章试图通过“内观”和“外观”即艺术发展的内在需求和外在影响两部分因素来阐释当代工笔画的现状成因和表现。

工笔花鸟画中“倒影”图式初探

作者：吴锦洵（广州美术学院 + 硕士论文）

摘要：“倒影”图式是画中表现物象在水面上形成幻象的一种视觉形式。文章通过分析工笔花鸟画中自宋代之后的“倒影”图式的思想基础和绘画思维，阐明“倒影”图式在传统国画中的传承和衍变。“倒影”图式属于水景题材的一部分，其表现技法以传统的水法和水纹纹样为根基，由传统水法、水纹样式的分析，结合时代变化和实践所得，侧重表述染水法在“倒影”图式中的表现力。

浅议云气在中国山水画中的艺术表达与意义——以仇英山水画作品为例

作者：张兴翰（中国艺术研究院 + 硕士论文）

摘要：中国山水画数千年发展至今，已经形成了其独特的艺术语言及表现形式，成为世界艺术史上独一无二又极其重要的画种。在博大精深的中国山水画中，云气这一图式亦是不可否认的至关重要的一部分。云气一词与平常我们所说的云不同，云气是对中国画中一种图式符号的概括与特指，它可以包括云朵，雾气和烟雾等，是“无定形而有常理”类气候景象的统称，西画中的云即是指科学意义上的云朵，但是在中国画中，云气既是图式符号，又是包含人文气息精神的价值符号。在山水画中常利用“云气锁断”留白法来显示画面的空灵感，是中国画“以虚代实”“虚实相生”，造境取势的艺术手法，云气之于山水画的重要性不言而喻。

浅析中国工笔人物画的写意性

作者：王天瑜（湖北美术学院 + 硕士论文）

摘要：中国工笔人物画作为中国传统绘画的重要组成部分，经过千年的传承与发展走到了今天。这一路有过魏晋隋唐时期的繁荣发展，也有明清至“文化大革命”十年的颓败倒退，“文革”后一路高歌发展至今，甚至成为全国美术作品展的主流画种。而在今天，当代工笔人物画的发展似乎遇到了瓶颈，很多作品虽然精美，但却只学到了工笔人物画的皮毛，作品逐渐流于匠气与僵化，画家为了“工”而“工”，作品缺少了一份激情和令人眼前一亮的惊喜。归其原因是因为现在的很多作品缺少“写意性”，工笔画与写意画没有严格的界限，二者应当是相互借鉴相互包容的，二者都是画者对于宇宙生命的体悟与理解，都是表达自己的内心世界感受，我们不应将二者割裂。

当代农民工题材工笔人物画的艺术情感探析

作者：李淑娴（湖北美术学院 + 硕士论文）

摘要：随着城市务工者队伍不断壮大，涌现出了大量塑造农民工群体的当代国画艺术作品。这些作品充分反映了社会现实问题，彰显了当代艺术家对城市广大劳动人民的讴歌礼赞。党的十八大以来，习近平总书记提出以人民为中心的发展思想，做好新时代农民工的党建工作。在党的十九大报告中提出促进农民工多渠道就业创业。习总书记还在党的十九届四中全会上强调健全劳动关系协调机制，构建和谐劳动关系，促进广大劳动者实现体面劳动、全面发展。本文聚焦农民工题材工笔人物画，为全社会重视农民工群体，为持续激发人民群众的人文关怀，为完善农民工权益保障体系，为促进新时代中国特色社会主义社会的全面发展，作者从当代农民工题材工笔人物画的时代背景以及兴起原因着手，着重分析运用肌理、意象写真、写实手法三个具体情感表现手法，让艺术作品激发出生命力、感染力、创造力。

当代工笔人物画中女性形象的审美与表现

作者：孙佳慧（湖北美术学院 + 硕士论文）

摘要：从古至今，在工笔人物画领域，女性形象都是画家笔下所喜欢表现的形象内容。这些女性形象在不同的历史时期和文化背景下，其外在形象的刻画以及内在情感的表达都有所不同。当代众多的女性题材工笔人物画家的多种风格面貌，使得当代的女性题材绘画更加精彩纷呈，因此，如何认识工笔人物画女性形象在历史背景下的新面貌，可以更好地使我们了解这一时期不同的审美价值。此外，结合自己日常生活中对于校园时期女性形象的了解以及收集到的相关素材，在完成毕业创作的过程中，也有了自己对于表达当代女性形象的一些心得体会。

探析当下工笔人物画中人物与背景的关系

作者：李晓宏（湖北美术学院 + 硕士论文）

摘要：工笔人物画自古流传下来，有着深厚的历史底蕴。作为中国画中一个重要的分支，在经历“文人画”兴起，沉浸一段时间后，又有崛起之趋势。而画中背景作为绘画内容的一部分，其作用也由古至今发生了不小的变化。在古代，工笔人物画背景主要作用于营造空间，烘托气氛。而当代工笔人物画中，背景既有装饰和虚实烘托对比的效果，也多了一些赋予画中人物、事物以某些象征性和寓意的作用，可谓“功能齐全”。笔者通过数载创作实践，深刻体会到背景对于人物画主体的重要性，背景处理是否得当直接影响到作品的内容表达。本文简述了自春秋以来工笔人物画背景的发展历史，并详细介绍了工笔人物画中背景的发展现状，通过对比，也更凸显当代工笔人物画中背景处理的特色。总体呈现出在传统工笔人物画基础上，背景的处理更丰富，而背景之于画面的作用也更多样。继而结合当代工笔人物画家的具体作品和自身艺术实践，分析当代工笔人物画中背景与主体人物的关系，表现在注重营造场景与意境，分割与协调组合，背景的装饰性、抽象性以及象征性的表现等。

传统工笔画与写意画笔墨语言之比较研究

作者：刘秋滟（湖北美术学院 + 硕士论文）

摘要：对比传统工笔画与写意画笔墨的区别或联系，不同的画家有不同的理解，笔墨作为中国画的核心，两者虽在技法上形成了不同的程式、风格，但本质都是写意的，有共同的审美追求。该论文是针对工笔画创作及笔者自身在其创作中出现的问题，提出对写意画笔墨的借鉴。本文按照时间顺序梳理工笔画到写意画笔墨语言在历代的演变及发展，并对工笔画与写意画笔法与形态、墨法与形态深入分析，试图将写意画的这些特性运用到工笔画笔墨之中，进而形成自己独特的绘画风格。

2020 年度精选学位论文

笔痕线意——宋元白描人物画再探

作者：徐华翎（中央美术学院 + 博士论文）

摘要：回顾中国人物画的发展历史，线条的重要性是毋庸置疑的，在历代艺术家们对线条的推崇、精研、发展及变革之下，不借助晕染设色，仅由若干线条构成的“白描”绘画形式，逐渐以其独特的艺术表现力和审美追求，在宋元时期得以确立并臻全盛之境，影响直达明清，成为中国重要的传统绘画样式之一。到了我们所处的这个时代，探讨传统的优秀白描人物作品，分析其画法的精妙之处，体会作品风格意趣形成之深层原因，仍然对现今的中国画教学及创作具有现实的指导意义。如在临摹中能深刻体味原作所带来的艺术给养；写生中通过线条的粗细、轻重、虚实、曲直、刚柔等变化，描绘具有时代面貌的客观物象之质感及性格；进而在创作中发展出自己独特的线艺术风格面貌。

仇英《桃花源图》研究

作者：武晨明（中国艺术研究院 + 博士论文）

摘要：仇英的《桃花源图》中，图像与技法的巧妙结合所营造出的效果十分独特，耐人寻味；其中所体现出的桃源幻境，可分为仙凡交界之处和隐匿之处两种。笔者通过考据仇英《桃花源图》的蓝本来源，分析仇英借用了赵伯驹《桃花源图》的布局方式并运用晋、唐和宋代的绘画技法完成此图，此图与仇英本人所作另外几幅名称、内容和形式类似的画作亦有联系。笔者通过对《桃花源图》发展脉络的梳理，将此画置于《桃花源图》的发展历史中，由明前至清纵观之，发现此图竟于其间起到承上启下之作用——仇氏《桃花源图》不仅在明代引发《桃花源图》的热潮，清代的宫廷画家、职业画家和文人画家所创作的《桃花源图》也多受仇英之作的影响。

宋徽宗绘画美学思想研究

作者：叶晓兰（湖南师范大学 + 博士论文）

摘要：“五四”新文化运动以来，我国学者对美的价值定位，主要着眼于美育层面。但从历史来看，中国美学与政治的关系从来密切。自周公“制礼作乐”开始，中国的政治就充满了浓郁的美治主义色彩。近年来，随着“美丽中国”“弘扬和传承中华美学精神”的提出，曾经局限于个体层面的审美价值观，借助国家政治的激励开始发生转变。美的价值已从传统个体层面的“以美育人”转化成为现实政治层面的“以美立国”。由此，美学与政治的关系问题在当代中国被重新激活。鉴于现代美学理论普遍被西方学者规划的事实，站在中国的立场，研究者一方面要对西方美学的“普世性”提出质疑，另一方面也要努力完善中国美学的话语建设，而以礼乐为本位的美学思想研究理应成为伸展民族立场的重要部分。正是基于以上三点的考量，本研究最终聚焦于宋徽宗的绘画美学思想。

浅析中国工笔画图像叙事特征——以《韩熙载夜宴图》为例

作者：毕晓慧（中国艺术研究院 + 硕士论文）

摘要：中国工笔人物画历史悠久，从诞生之初就具有叙事性功能，其中最具代表性的当属南唐画家顾闳中的《韩熙载夜宴图》，其叙事性特征不仅在绘画题材与画面处理中有所表现，在人物细节以及室内陈设等方面也可具体看出，画面布局巧妙借助家具屏风，从而切割画面，以从夜宴开始到结束为顺序，使得整幅作品得以流畅、清晰地叙事。而同一画面中描绘不同的时间与空间这一新的特征也是《韩熙载夜宴图》在叙事结构上的突破性创新，为后世的绘画创作与表现形式带来很大启发。本文将分三个章节，并从绘画实践的视角来讨论以《韩熙载夜宴图》为代表的中国传统工笔画的叙事性特征，即艺术家如何在工笔人物画创作中通过人物组合关系、场景陈设关系等画面处理来实现绘画作品的叙事性表达。

新中国成立初期工笔花鸟画研究——以北京画家于非闇为例展开

作者：刘金霞（中央美术学院 + 硕士论文）

摘要：新中国成立之初，面对新的政治氛围、文化机制和艺术规则，包括花鸟画在内的中国画面有着新的任务、目标和要求。中国画的发展处在古与今、中与西的文化交错局面之中。本文结合新中国成立十七年“文艺为工农兵服务”的价值诉求、社会主义现实主义文艺立场、写生创作观念对花鸟画图式产生的影响，兼顾花鸟画古与今承变，分析新中国成立十七年间的发展、变化对中国工笔花鸟画艺术本体产生的影响。梳理于非闇的学术背景、分析由社会生活、时代精神影响下表现语言。通过当时相关文献中对工笔花鸟画的相关信息不难看出，因工笔花鸟画写实性表现语言、逼真且优美的造型特点以及设色鲜艳、明快等，给人以美的感受，深受大众所喜爱。

试论中国工笔人物画与卡通元素的融合

作者：韩明典（四川美术学院 + 硕士论文）

摘要：20 世纪以来随着我国经济与文化的飞速发展，许多新的艺术形式被大众所接受。卡通风格艺术凭借其现代化的艺术特点吸引了众多关注，颇受欢迎。中国工笔人物画是最具代表性的传统中国艺术形式之一，无论其绘制手法还是美学风格都极具中国美学特色，成熟的艺术形式往往具有强大的包容性。顺应如今艺术多元化的时代，注入新鲜血液对工笔画的发展有着积极的作用。颇受年轻一代欢迎的卡通动漫风格与代表中国艺术的工笔相结合将成为新的艺术趋势，越来越多的工笔艺术家选择运用卡通元素进行创作。研究现象才能掌握本质，本文着重分析卡通与中国工笔人物画结合的现象及原因，以便更好地掌握当代中国画艺术的时代规律。

“蒙太奇思维”及其艺术处理手法在工笔画创作中的应用研究

作者：刘旭杰（中央民族大学 + 硕士论文）

摘要：电影作为大众传播媒介，已经深刻地影响到人们的文化、审美以及思维方式。蒙太奇作为电影艺术中一种构成与剪辑的手法被广泛应用，然而“蒙太奇思维”却不仅仅存在于电影或建筑艺术中，更是广泛存在于多种的艺术形式之中，其中中国工笔画中早已体现出“蒙太奇思维”及其艺术处理手法的广泛应用。在电影产业迅速发展及多元文化相互融合的今天，“蒙太奇思维”得到了更深入的研究和发展，笔者试想将“蒙太奇思维”及其艺术处理手法融入工笔画创作中，可以使工笔画创作呈现出更多可能性，故而对“蒙太奇思维”及其艺术处理手法在工笔画创作中的运用展开了探索和思考。

藏族题材工笔人物画创作中色彩运用及探索

作者：赵婧（中央民族大学 + 硕士论文）

摘要：工笔画在中国绘画中有着很重要的地位，随着时代不断发展，人们对于美的追求不断提高，当代工笔人物画与传统工笔人物画的审美距离越来越大，不论是题材的选择还是绘画形式的表现手法，都有了非常大的变化。在新的社会意识形态之下，工笔人物画出现了新的面貌，绘画创作开始走向现代，反映现实生活的当代人物形象已经慢慢成为画家们的主要表现对象，不断探索新的绘画样式及风格，创作更多优秀作品的同时还呈现出中国传统文化的丰富多彩及文化多元化发展。藏族是我国五十六个民族之中一个非常有特色而又古老的民族，它特殊的地理环境造就了藏族地区不同于其他民族的风土人情，而藏族题材的绘画在整个绘画史的发展过程中也形成了属于自己独特绘画语言及审美标准的特点。

精选期刊论文

“工”尽精微 固本开新——由“第十一届全国工笔画作品展”说开去

作者：陈孟昕（中国工笔画学会 中国美协中国画艺委会）

期刊：《美术》（2021 年 06 期，北大核心 CSSCI）

摘要：当代工笔画借鉴了西方绘画的色彩、造型等合理因素，为更好地切入现实生活，表现艺术本体的生命进程和内心情感拓展出更大的空间。今天的借鉴已有别于晚清后被动的“中西融合”，而是在保持民族性基础上理性、自主地选择。比如色彩表达方面，中国绘画自古即谓“丹青”艺术，有自己的施色观念和方法，但就色彩的现代学而言，西方有以牛顿《光谱学》、歌德《色彩学》为代表的对色彩的科学性研究，包括色彩生成的原理，色彩的冷暖关系及色调等，中国传统理论是没有涉及的，在这方面补益的结果，使工笔画形成了独步世界的、人类共享的审美标准和价值。因此，创新是工笔画的生命，也是其发展的永恒命题。

星空题材工笔花鸟画的形式探索

作者：涂少辉（山东师范大学美术学院）

期刊：《美术》（2021 年 07 期，北大核心 CSSCI）

摘要：当今是工笔画历史繁荣发展的时期，同时也面临着新的时代性课题。自然主题是工笔花鸟画的核心要旨，由于不同时期的文艺思想在审美取向上的转变，以及画家创作的立意层次有别，古典工笔花鸟画中所呈现的自然并非仅局限于表现自然生机与意趣，在恒常性的视觉习惯下，禽鸟与植物不同意图的有机组合所产生的主题和美学思想彰显出画家鲜明的个性和时代性特征。

当代语境中的古典情怀——“中国红”系列创作谈

作者：崔景哲（河北美术学院 中国美术家协会 中国工笔画学会 河北省工笔画学会）

期刊：《美术观察》（2021 年 07 期，北大核心 CSSCI）

摘要：中国工笔画是中国绘画早期的表现形式之一，有着灿烂辉煌的历史。元明清之际，水墨文人画全面兴起，成为中国绘画的主流，彼时虽然工笔画在宫廷画院里还保留着一席之地，但终究逐渐被推向历史的边缘。20 世纪以来，在东西文化交流碰撞的背景下，具有包容性的中国工笔画，积极吸收、融合东西方绘画的特点，不断地向前发展。新中国成立后，工笔画逐渐从式微走向复兴。20 世纪 80 年代，中国工笔画的发展实现了从薄弱到繁荣的转变，越来越多的中国画家从事着工笔画创作。他们积极探索，将中国工笔画的传统精神和现代绘画语言相结合，为现代大众的审美提供了更多的空间。

注意力引导的交互式工笔花卉上色算法

作者：李媛、陈昭炯、叶东毅（福州大学数学与计算机科学学院）

期刊：《模式识别与人工智能》（2020 年 07 期，北大核心 CSCD）

摘要：中国传统的工笔花卉画中人工渲染上色过程繁复、技巧性较高，现有的线稿图自动上色算法难以生成自然合理的渐变色效果。文中基于条件生成对抗网络，提出注意力引导的交互式工笔花卉上色算法，自动完成花卉白描线稿到工笔花卉色图的仿真生成。首先设计刻画花朵颜色类别和布局的花色注意力图，可在训练阶段指导网络进行重要颜色特征的学习，在应用阶段作为用户与系统的交互手段，完成色彩设计。其次，在网络结构设计方面，构建并训练针对花色注意力图的局部颜色编码子网络，将注意力图的编码信息作为仿射参数，引入生成器各层的条件归一化过程中，实现生成网络全域对颜色的学习和控制。考虑到深度特征偏重刻画全局语义信息，可能损失反映线条特征的局部高频信息，在生成器网络中引入跨层连接的结构，加强线条特征的学习。实验表明，文中算法可以较好地将花卉白描线稿渲染成工笔花卉的色图，生成的图像符合真实工笔花卉画的颜色分布和特点，具有较好的艺术真实感和观赏性。

工笔花鸟造型在家居装饰和家具设计中的应用研究

作者：宋云、刘强（太原工业学院设计艺术系）

期刊：《林产工业》（2020 年 08 期，北大核心）

摘要：在室内家居装饰和家具设计中增加工笔花鸟造型，既能充分体现个性化设计风格，同时也是对传统文化和艺术的一种传承。本文介绍了传统工笔花鸟造型特点，分析了现代家居装饰发展趋势，探讨了工笔花鸟造型在家居装饰和家具设计中的布局，提出了工笔花鸟造型在家居装饰和家具设计中的应用方向。

年度出版

《四季英华——青年工笔画艺术展作品集》

出版时间：2021 年 7 月

出版社：天津人民美术出版社

作者：陈湘波 主编

内容摘要：“四季英华——青年工笔画艺术展”是由深圳市文学艺术界联合会、深圳市慈善会、深圳市美术家协会共同主办，“深圳市慈善会·陈湘波艺术公益基金”团队策划承办，面向深圳青年工笔画家公开征集，通过选拔优秀青年工笔画家的作品进行展览、出版和系列推广。

中国画是中国人以自己的视觉文化方式阐释自己对世界认识的方式之一。工笔画与中国的国运一脉相承，唐宋中国的国运昌盛，工笔画的发展也达到高峰，近一百年来，随着中华民族的复兴，工笔画又得到很大的发展，特别是改革开放以来，工笔画越来越为年轻人喜爱，并成为新时代中国美术的重要力量。

《第十一届全国工笔画作品展作品集》

出版时间：2020 年 12 月

出版社：文化艺术出版社

作者：徐里 主编

内容摘要：“第十一届全国工笔画作品展”是中国工笔画学会自 1987 年成立以来，与中国美术家协会联合举办的全国性、系统性展览，是当代工笔画领域规模最大，也最具权威性的专业品牌展览，已经成功举办了十届，在当代中国美术的发展过程中产生了重要影响。《第十一届全国工笔画作品展作品集》是此次展出作品的集结发表，包含“名家特邀”和“全国征稿”两大部分内容，汇集近五年来中国工笔画创作的最新成果，呈现出新时代中国工笔画的艺术风貌，多层次、全方位地展示了深入生活、书写人民、讴歌时代的崭新画卷。

《中国近现代名家精品丛书·何家英工笔人物画》

出版时间：2020 年 12 月
出版社：天津杨柳青画社
作者：何家英 绘

内容摘要：何家英作为国家“有突出贡献的中青年名家”、中国文联“德艺双馨文艺工作者”、中宣部“四个一批”文艺人才，为中国工笔人物画向当代性的转型做出了自己的贡献。他创造性地借鉴了中国工笔画的传统和西画中严谨扎实的造型技法，结合当代人的审美观点，创作出一大批洋溢着时代气息的作品。读他的画，会从中找到一种真诚细腻的激情和梦幻般的理想色彩。代表作品有《山地》《十九秋》《米脂的婆姨》《酸葡萄》《魂系马嵬》《秋冥》《朝露桑》《舞之憩》等。

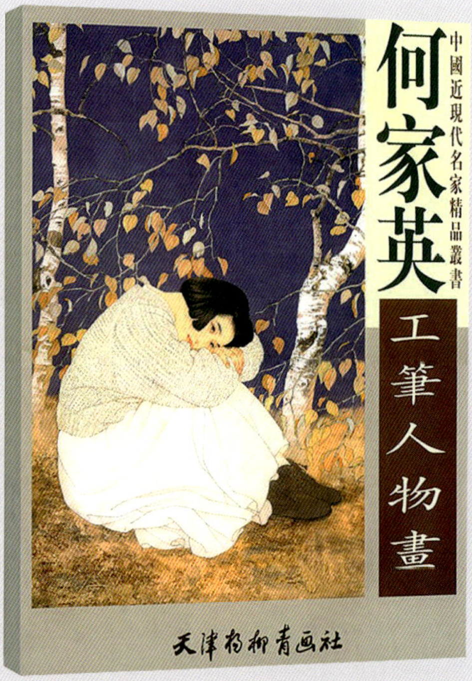

《当代工笔画唯美新视觉·罗翔工笔花鸟画精品集》

出版时间：2020 年 10 月

出版社：福建美术出版社

作者：罗翔 绘

内容摘要：当代工笔画家罗翔，从事工笔画创作已经多年，以细笔花鸟图迹鸣于世，用笔清逸刚劲且藏中庸之妙，线条悠然而富有韵律，无刻板僵硬之伤，作品出入宋人又参物态之美从生活中来，得妙处于闲情逸趣之中，故能随类赋彩，翡幻翠素，佳禽鸣春，又与当代工笔花鸟画创作整体风貌有项背分异之格，罗氏图迹虽然赋彩斑斓以工细为画业，但能从精微处感受到意笔气息与心源之诗，幻格局成一家之图，得忘游之境，入画品三位，纵观今日实不易得也。本册收编了罗翔今年工笔花鸟作品二十几件，这些作品以动物为题材，结合当下环境重新创作，画面语境具有当代特色，色调唯美，具有较好的市场卖点。

《工笔新经典——陈治 武欣·岁月如歌》

出版时间：2020 年 9 月
出版社：广西美术出版社
作者：陈川 主编

内容摘要：本书是“工笔新经典”图书的第十三辑，是以工笔人物画为题材的精品技法图书。书稿内容把工笔画家陈治、武欣的多幅工笔画作品按照不同题材内容分为三个部分。第一部分“儿女情长”，主打家庭亲情题材创作，第二部分“时代律动”，主打时代民生题材内容描绘，第三部分“岁月如歌”，汇集了回忆式生活、少数民族等题材表现。书稿除了有整幅作品内容的呈现，还有作品局部的细节放大，让读者能够看到细致入微的画面细节，从而更深入地欣赏到作品精髓和研究画家的绘画技法。书中除了画家的丰富绘画步骤和技法剖析外，还通过作品创作心路、创作感悟等丰富、真切、纯粹的信息来深度解读作品。

《工笔新经典——高茜·花笺秘语》

出版时间：2020 年 7 月
出版社：广西美术出版社
作者：陈川 主编

内容摘要：当下工笔画正处在转型时期，新的美学规范正在形成，越来越多的年轻朋友加入到工笔画创作队伍中。“工笔新经典系列”图书自出版以来得到了广大艺术爱好者及专业画家的一致好评，认为书中的画家是当代工笔画坛的前沿代表，具有非常高的艺术造诣，引领着当代工笔画的发展方向，对工笔画新图式和美学规范影响非常大。本书是“工笔新经典系列”图书的第十一辑，是以工笔花鸟画为题材的精品技法图书。书稿内容把工笔画家高茜的一百余幅作品按照不同题材风格分为四个部分。第一部分“识者”，主打香水瓶题材创作，第二部分“空色”，主打女性与两性关系描绘，第三部分“游观”，金鱼题材描绘，第四部分“梦呓”，汇集了蝴蝶、禽鸟、花卉等题材表现。

《工笔新经典——方政和·俨雅六咏》

出版时间：2020 年 4 月

出版社：广西美术出版社

作者：陈川 主编

内容摘要：“工笔新经典系列”图书自出版以来得到了广大艺术爱好者及专业画家的一致好评，认为书中的画家是当代工笔画坛的前沿代表，具有非常高的艺术造诣，引领着当代工笔画的发展方向，对工笔画新图式和美学规范影响非常大。本书内容为画家方政和的工笔花鸟画技法。方政和是北京画院的年轻画家，具有多年的教学经验，其工笔画作品对传统绘画的传承和研究是比较全面的，也有对当代绘画的探索，蕴含了时代精神和高雅的审美情趣。本书收录了画家 100 多幅工笔画作品，内容分为宣和故影、江南往事、胡海微澜三个板块，综合剖析了画家的绘画技法和创作思路，综合理论和实践，用最简洁的语言信息给读者新的阅读体验，帮助初学者走正道，给在探索新路中的朋友提供启发。

《工笔新经典——莫晓松·草木葳蕤》

出版时间：2020 年 4 月

出版社：广西美术出版社

作者：陈川 主编

内容摘要：本书是“工笔新经典系列”图书的第九辑，是以工笔花鸟画为题材的精品技法图书。书稿内容把工笔画家莫晓松的 100 余幅工笔花鸟画作品按照不同绘画风格分为三大部分。第一部分清韵篇，为淡彩工笔花鸟画，第二部分纤秾篇，主打重彩工笔花鸟画，第三部分幽意篇，为素墨工笔花鸟画。书稿除了有整幅作品的呈现，还有作品局部的细节放大，让读者看到细致入微的画面细节，从而更深入地欣赏到作品精髓和研究画家的绘画技法。书中除了画家的作品展示和丰富的绘画步骤和技法剖析外，还有画家作品创作心路、创作感悟等丰富、真切、纯粹的信息来深度解读作品。